- 国 家 教 学 成 果 特 等 奖 理 论 研 究 与 实 践 应 用
- 首届世界职业技术教育发展大会“擦亮鲁班工坊中国名片”研究丛书
- 首届中国－中亚峰会“中国－中亚技术技能提升计划”研究丛书
- 第三届“一带一路”国际合作高峰论坛“务实合作行动”研究丛书
- 中非合作论坛北京峰会“实施能力建设行动”成果推广研究丛书
- 《中国职业教育发展报告（2012—2022年）》研究丛书
- 教育部2023年中非高校“20+20”合作计划项目研究成果
- 高校智库“鲁班工坊国际发展研究中心”成果

工程实践创新项目 EPIP解析

（第二版）

The Interpretation of
Engineering Practice Innovation Project（EPIP）

吕景泉　著

中国铁道出版社有限公司
CHINA RAILWAY PUBLISHING HOUSE CO., LTD.

内容简介

本书是基于国家教学成果特等奖理论研究与实践应用而编写的，共十篇，阐述了从哲学社会科学之辩、中国职业教育之辩到工程实践创新项目（EPIP），EPIP 的课程论、专业论、教育论、教师培养、拓展应用、运用成效，最后通过“改造我们的学习”结尾，对 EPIP 进行解构、解释，对 EPIP 进行分解、分析，以求将活灵活现的 EPIP 呈现给读者。

本书主题入选“中华文化走出去工作重点任务清单项目”，是天津市高校智库“鲁班工坊国际发展研究中心”研究成果，可供职业教育的专家学者和院校同仁参考，也可供中国对外人文交流、国际教育合作分享使用。

图书在版编目（CIP）数据

工程实践创新项目（EPIP）解析/吕景泉著. —2版. —北京：中国铁道出版社有限公司，2024.4（2024.9重印）
国家教学成果特等奖理论研究与实践应用
ISBN 978-7-113-31108-7

Ⅰ.①工…　Ⅱ.①吕…　Ⅲ.①高等职业教育-工科(教育)-教学模式-研究-中国　Ⅳ.①G718.5

中国国家版本馆CIP数据核字（2024）第058182号

书　　名：**工程实践创新项目（EPIP）解析**
GONGCHENG SHIJIAN CHUANGXIN XIANGMU (EPIP) JIEXI
作　　者：吕景泉

策　　划：何红艳　　**编辑部电话**：（010）63560043
责任编辑：何红艳
封面设计：刘　莎
责任校对：安海燕
责任印制：樊启鹏

出版发行：中国铁道出版社有限公司（100054，北京市西城区右安门西街 8 号）
网　　址：https://www.tdpress.com/51eds/
印　　刷：北京盛通印刷股份有限公司
版　　次：2021 年 1 月第 1 版　2024 年 4 月第 2 版　2024 年 9 月第 2 次印刷
开　　本：710 mm×1 000 mm　1/16　**印张**：18.5　**字数**：168 千
书　　号：ISBN 978-7-113-31108-7
定　　价：58.00 元

EPIP是一种中国本土化、视野国际化的教学模式。它以当代中国职业教育实际为研究起点，体现继承性、民族性的立场主张，具有主体性、原创性的理论观点，彰显系统性、专业性的实践特色，形成中国职业教育的EPIP教育论、EPIP专业论和EPIP课程论。

EPIP从中国本土实践中来，再到中国本土实践中去。EPIP结合当代中国职业教育实践，举旗以彰理，举中国特色之旗，彰中国职业教育之理；落地以取效，落中国教育之地，取中国高质量发展之效。

改造我们的学习，让学习更有效！

构中国职教国际话语

同世界分享中国方案

前 言

“工程实践创新项目（EPIP）”，是一种适合创新型、复合型、应用型和技术技能型人才培养的教学模式，是“鲁班工坊”的核心要义。2014 年，EPIP 的实践应用成果，获中国职业教育领域首个国家级教学成果“特等奖”。2022 年，EPIP 模式创立与鲁班工坊品牌创成的创新实践成果，获国家级教学成果“特等奖”。

本书是基于国家教学成果特等奖理论研究与实践应用而编写的，是 EPIP 创立者为了让读者更好地理解与运用 EPIP，对 EPIP 进行解构、解释，对 EPIP 进行分解、详解，解析 EPIP，以求将活灵活现、真实完整的 EPIP 呈现给读者。

著者从哲学社会科学之间开始，探寻中国哲学社会科学发展之道，详述继承性民族性，主体性原创性，系统性专业性之理；从职业教育之间起步，探讨中国近现代职业教育发展之道，详考福建船政、生活教育、建教合作之理；

据此，详说“工程实践创新项目（EPIP）”的探索、创建过程，深入浅出阐释了EPIP的思考路径、理论基础、内涵要义、体系建构、应用领域、典型案例、运用成效和政策指导。本书从五观、四元、三谛、两核、一宗等维度，诠释了EPIP的内涵及要义；从课程改革应用（EPIP课程论）、专业建设应用（EPIP专业论）、院校办学应用（EPIP教育论），到EPIP“达观”应用，再到EPIP“纳观”应用层级的角度，诠释了EPIP的功能价值。从师资培养、赛项设计、装备研制、资源开发、鲁班工坊，到“五业联动”机制、供给侧结构性改革，再到首届世界职业技术教育发展大会，展示了EPIP的辐射面和影响力。

全书呈现了EPIP创立者开展EPIP的实践探索、理论研究、经验总结、模式推广的全景式立体化的“名实耦合”境界，让读者身临其境，情随其感，开启一场真实世界、现实生活中的EPIP探寻之旅。

本书主题入选“中华文化走出去工作重点任务清单项目”，可供职业教育的专家学者和应用型高校、职业院校同仁参考，可作为中国对外人文交流、国际教育合作分享使用。

著　者

2024年2月2日

目　录

第一篇

哲学社会科学之辩

一个民族要想站在科学的最高峰，就一刻也不能没有理论思维。

——恩格斯

《墨子》中，对“辩”做了阐释：“夫辩者，将以明是非之分，审治乱之纪，明同异之处，察名实之理，处利害，决嫌疑。焉摹略万物之然，论求群言之比。以名举实，以辞抒意，以说出故。”

这里说，“辩”的作用上，是为了追求真理，而不是玩弄名词概念；“辩”的方法上，要严守逻辑。而“摹略万物之然”，这是说，“辩”的时候，必须了解事物的真实情况；“论求群言之比”，是要了解各个方面对“辩”的看法，这样就能使自己的“辩”能够符合事实而又全面。

“所以谓，名也；所谓，实也；名实耦，合也。”

面对世界百年变局与中国发展全局，围绕中国与世界发展面临的重大问题，我们要着力提出能够体现中国立场、中国智慧、中国价值的理念、主张、方案，为人类进步做贡献。

我们的哲学社会科学有没有中国特色，归根到底要看有没有主体性、原创性。

要坚定文化自信，坚持走自己的路，立足中华民族伟大历史实践和当代实践，用中国道理总结好中国经验，把中国经验提升为中国理论，实现精神上的独立自主。

一、当代哲学社会科学之问

当今，中国奋进新时代，踏上新征程。

在这个新的历史起点上，加快构建中国特色哲学社会科学，归根结底是建设中国自主的知识体系。走中国式现代化之路，中国的强国建设，既有物质硬件的强，同时也必须包括精神、理论、思想的强。一个日益走近世界舞台中央的民族，必须在理论上强起来，在思想上站起来，不仅要为世界贡献物质产品，也要为解决人类问题奉献更多的智慧、理论、思想、方案，彰显中国力量。

如何讲好写好“中国”和“中国故事”？

立足中国实践，把中国精神、中国价值阐释好，阐释中国发展背后的道路、制度、文化的优势，研究其内在逻辑，提出具有自主性、独创性的理论。

当代中国哲学社会科学应该用学术，观照时代，观照实践，观照现实；用学术，研究中国问题，创建中国理论，指导中国实践；用学术，聚焦本土实际，运用中国逻辑，开拓理论思维，注重自主原创；用学术，构建中国自己的道理、学理、哲理、原理、机理。

从广义上讲，教育是哲学社会科学的一个组成部分，哲学社会科学对于教育发展有重要的指导作用，对于新时代职业教育高质量发展更是如此。用哲学社会科学视角，思考中国职业教育，将哲学社会科学与职业教育进行"比对"、"反思"和"体悟"，肯定职业教育成绩，直面职业教育问题，谋划职业教育发展，探索中国式教学模式，指导职业教育教学实践，这样做是非常有意义的。

二、构建中国哲学社会科学之道

2016 年 5 月，习近平在哲学社会科学工作座谈会上发表重要讲话，强调要加快构建中国特色哲学社会科学。

1．继承性、民族性

加强对中华优秀传统文化的挖掘和阐发，使中华民族最基本的文化基因与当代文化相适应、与现代社会相协调，把跨越时空、超越国界、富有永恒魅力、具有当代价值的文化精神弘扬起来。推动中华文明创造性转化、创新性发展，激活其生命力，让中华文明同各国人民创造的多彩文明一道，为人类提供正确精神指引。

强调民族性并不是要排斥其他国家的学术研究成果，而是要在比较、对照、批判、吸收、升华的基础上，使民族性更加符合当代中国和当今世界的发展要求，越是民族的越是世界的。解决好民族性问题，就有更强能力去解决世界性问题；把中国实践总结好，就有更强能力为解决世界性问题提供思路和办法。

既要立足本国实际，又要开门搞研究。对人类创造的有益的理论观点和学术成果，我们应该吸收借鉴，但不能把一种理论观点和学术成果当成“唯一准则”，不能企图用一种模式来改造整个世界，否则就容易滑入机械论的泥坑。

一些理论观点和学术成果可以用来说明一些国家和民族的发展历程，在一定地域和历史文化中具有合理性，但如果硬要把它们套在各国各民族头上、用它们来对人类生活进行格式化，并以此为裁判，那就是荒谬的了。

解决中国的问题，提出解决人类问题的中国方案，要坚持中国人的世界观、方法论。如果不加分析把国外学术思想和学术方法奉为圭臬，一切以此为准绳，那就没有独创性可言了。如果用国外的方法得出与国外同样的结论，那也就没有独创性可言了。

2．主体性、原创性

哲学社会科学有没有中国特色，归根到底要看有没有主体性、原创性。跟在别人后面亦步亦趋，不仅难以形成中国特色哲学社会科学，而且解决不了我国的实际问题。只有以我国实际为研究起点，提出具有主体性、原创性的理论观点，构建具有自身特质的学科体系、学术体系、话语体系，我国哲学社会科学才能形成自己的特色和优势。

理论的生命力在于创新。如果不能及时研究、提出、运用新思想、新理念、新办法，理论就会苍白无力，哲学社会科学就会“肌无力”。

哲学社会科学创新可大可小，揭示一条规律是创新，提出一种学说是创新，阐明一个道理是创新，创造一种解决问题的办法也是创新。理论思维的起点决定着理论创新的结果。理论创新只能从问题开始。从某种意义上说，理论创新的过程就是发现问题、筛选问题、研究问题、解决问题的过程。

当代中国的伟大社会变革，不是简单延续我国历史文化的母版，不是简单套用马克思主义经典作家设想的模板，不是其他国家社会主义实践的再版，也不是国外现代化发展的翻版，不可能找到现成的教科书。一切刻舟求剑、照猫画虎、生搬硬套、依样画葫芦的做法都是无济于事的。

3．系统性、专业性

发挥我国哲学社会科学作用，要注意加强话语体系建设。在解读中国实践、构建中国理论上，我们应该最有发言权，但实际上我国哲学社会科学在国际上的声音还比较小，还处于有理说不出、说了传不开的境地。要善于提炼标识性概念，打造易于为国际社会所理解和接受的新概念、新范畴、新表述，引导国际学术界展开研究和讨论。这项工作要从学科建设做起，每个学科都要构建成体系的学科理论和概念。

抓好教材体系建设，形成适应中国特色社会主义发展要求、立足国际学术前沿、门类齐全的哲学社会科学教材体系。在教材编写、推广、使用上要注重体制机制创新，调动学者、学校、出版机构等方面积极性，大家共同来做好这项工作。

鼓励哲学社会科学机构参与和设立国际性学术组织，支持和鼓励建立海外中国学术研究中心，支持国外学会、基金会研究中国问题，加强国内外智库交流，推动海外中国学研究。要聚焦国际社会共同关注的问题，推出并牵头组织研究项目，增强我国哲学社会科学研究的国际影响力。

第二篇

中国职业教育之辩

士虽有学，而行为本焉。

——墨子

出生于约2500年前的墨子（约生于公元前480年，卒于公元前420年），他主张兼爱非攻，尚贤尚同，既述且作，创造发明。

“士虽有学，而行为本焉。”重视实践在教育中的作用，是墨子的主张。《墨辩》中，墨子提出三种知识：一是亲知，二是闻知，三是说知。亲知是亲身得来的，就是从“行”中得来的。闻知是从旁人那儿得来的，或由师友传来，或由书本传达。说知是推想出来。

“行为本”说明，亲知为一切知识之根本。闻知和说知必须安根于亲知，方能发生效力。

中国近现代职业教育发轫于1866年的福建船政学堂。

1866年，左宗棠上奏《试造轮船先陈大概情形折》《详议创设船政章程购器募匠教习折》，得到朝廷批准，成立了福建船政局，奠定了中国轮船制造和海军建设的基础，成立了中国第一所新式教育学堂。厂中校、校中厂，“工学并举”成为中国近现代职业教育的开端。

一、当代中国职业教育之问

自1866年,已经过去了近160年,中国职业教育取得了大进步。

从工学并举，到半工半读，从两种制度（两种教育制度及两种劳动制度），到校企合作，工学结合，再到产教融合，直至知行合一；从被动“引进来”，到主动“走出去”，再到体系化、系统化、品牌化与世界分享中国模式、中国标准、中国装备与中国资源，中国职业教育走过了艰辛漫长、卓有成效之路。

可以肯定，当代中国职业教育理念，无疑是先进的，方向是正确的，认识是深刻的。但是，我们绝不能仅仅停留于此！

这些理念、方向、认识，纵览中国从古至今的哲学，博观世界各国职业教育,都可认证,我们确实是对的。如果这些先进、正确、深刻的理念、方向和认识，只停留在口号、形式、表面，那我们就不是真先进、真正确、真深刻！

中国的科学发展，高质量发展，职业教育的科学发展，高质量发展，非常急切需要解决的问题，是将理念、方向、认识进行落实，将其落地，让其扎根，需要道理性寻源，学理性推演，哲理性思考，原理性发现，机理性构建，需要深化、细化、具化、实化、转化，需要形成中国的方案、模式、话语及体系，需要实践探索、理论研究、经验总结、模式推广。

中国正在办世界最大规模的职业教育，中国职业教育正在支撑世界第二大经济体高质量发展。而中国职业教育在国际影响、话语体系、研究成果、学术标识、典型方案等方面的表现，与其现实规模、实际成效、真实水准相比尚有极大反差，存在认可度不高、话语权不足、自创力不够、自信心不强、理论性较差问题。

一些教育部门、研究机构、职业院校，喜欢宏而笼之，大而统之，一喊了之，习惯于“想”“说”“写”。好像想过了，说过了，写过了，就已经做了，干了，甚至认为成了。标语上墙，会议提倡，文章发表，工作入账。“行”非本焉！

毛泽东同志曾说过：“我们的任务是过河，但是没有桥或没有船就不能过。不解决桥或船的问题，过河就是一句空话。不解决办法问题，任务也只是瞎说一顿。”我们不仅要有正确的想法，更要找到实现“想法”的“办法”，也就是要找到实现“想法”的“道”。

二、探求中国职业教育之道

1. 船政学堂之“道”

2024年，福建船政学堂建校158年。

2016年12月12日，教育部与福建省政府在福州联合举办了现代职业教育发展推进会，纪念中国近现代职业教育发轫150周年。2016年12月13日，《光明日报》大版幅刊发笔者与米靖的联作《服务国家　迈向雄健——中国职业教育的150年》纪念文章。

1840年，第一次鸦片战争；1842年，有了《南京条约》，香港岛被割让出去。

1860年，第二次鸦片战争，英法联军攻陷天津，英法侵占北京，有了《北京条约》。

1861年，清廷批准设立“总理各国事务衙门”，标志着洋务运动的开始。向西方寻找救国之法，探索强国御侮之道。“师夷之长技以制夷”成为洋务运动主要特征。

1862年，李鸿章在致总理衙门函中说：窃以为天下事，穷则变，变则通。中国士大夫沉浸于章句小楷之积习，武夫悍卒又多粗蠢而不知细心，致所用非所学，所学非所用。无事则嗤外国之利器为奇技淫巧，以为不必学；有事则惊外国之利器为变怪神奇，以为不能学；不知洋人视火器为身心性命之学者已数百年。中国欲自强，莫如学习外国利器，欲学习外国利器，莫如觅制器之器。欲觅制器之器与制器之人，则或专设一科取士。士终身悬以富贵功名之鹄，则业可成，艺可精，而才亦可集。

1866 年，左宗棠上奏《试造轮船先陈大概情形折》，得到朝廷批准，准于闽省择地设厂、购买机器、募顾洋匠、试造火轮船只。当年秋天，在福建福州的马尾成立了福建船政局，聘请法国人为总工程师，专门制造海防所用的舰船。后来的 40 多年间，共制造了 40 艘各类舰船，初步奠定了中国轮船制造和海军建设的基础。可谓“创始之功甚伟”！

1866 年，左宗棠再奏《详议创设船政章程购器募匠教习折》，提出设立艺局（船政学堂）。“艺局之设，必学习英、法两国语言、文字，精研算学，乃能依书绘图，深明制造之法，并通船主之学，堪任驾驶。”至此，中国第一所新式教育学堂——“求是堂艺局”诞生。作为福建船政局的重要组成部分，求是堂艺局先后培养了 504 名海军各类人才。严复、邓世昌、刘步蟾、林泰增、林永升、萨镇冰还有铁路工程师詹天佑，都毕业于这所学校。也可谓“创始之功甚伟”！

求是堂艺局是船政学堂的官定名称。左宗棠曾阐述其办学目的：“夫习造轮船，非为造轮船也，欲尽其制造、驾驶之术耳；非徒求一二人能制造、驾驶也，欲广其传，使中国才艺日进，制造、驾驶展转授受，传习无穷耳。”船政学堂起初分前、后学堂，前学堂学习法国技术，精修造船；后学堂向英国学习，深究驾驶技术。速则三年，迟则五年。

中国以义理为本，艺事为末；外国以艺事为重，义理为轻。谓我之长不如外国，藉外国导其先，可也；谓我之长不如外国，让外国擅其能，不可也！

中国近现代职业教育的发轫，“源”于民族危亡、御外图强、自主发展；中国近现代职业教育的开端，“起”于学习借鉴、消化吸收、本土创新；中国近现代职业教育的起步，“行”于前厂后校、厂校合一、工学并举。

船政学堂之“道”,是面对“义理为本,艺事为末”的真实现实，是针对“民族危亡，御外图强”的真实需要，是服务“传习无穷，发扬光大”的真实目标，完整地向法国学精修造船，完整地向英国学深究驾驶，尽其制造和驾驶之术，才艺日进，制造与驾驶展转授受。这个“道”，是工学并举之道，也是中国教育转向，面向真实世界、现实生活的“工程化”之道。

2．生活教育之“道”

陶行知创立了当代中国较为完整的教育理论体系，进行了大量的教育实践探索。

在美国求学的陶行知，为了改革旧中国教育，实现教育救国梦想，从伊利诺伊大学转入哥伦比亚大学师范学院，由攻读哲学博士，转为攻读教育学博士。在哥伦比亚大学师范学院，他受到约翰·杜威教授的赏识。他沉醉于杜威的实用主义，接触到杜威正在研究的哲学和教育思想，包括“有用的就是真理”，看到以社会为中心的职业学校取得的成就。后来，陶行知发奋进行实践经验总结、学理思考梳理，结合中国国情，提出了影响中国的“生活即教育”“ 社会即学校”“社会生活就是有教育意义”的思想。

1917 年，陶行知开始在他所任职的南京高等师范学校，仔细观察教学过程，发现教师只管教，不管学生学，他认定有改革之必要。他提出了新主张，要将学校“教授法”，改为“教学法”。他执着于此，始终倡导，始终坚持，并身体力行了两年，终于在 1919 年，以专修科主任名义将学校全部课程的“教授法”，一律改为“教学法”。我们今天看，就是一字之差，可这是实现教学合一的起源。从陶行知的执着主张看，学法的重要性可见一斑！下面就是如何学。他主张，做中学！教学做的中心，是“事”，即“现实生活”，就是“战胜现实中实际的困难，解决现实中实际的问题，生实际之利，格实际之物，爱实际之人，求实际的衣食住行，回溯实际的既往，改造实际的现在，探索实际的未来”。教育面向实际，最重要！

1921年，陶行知提出，外国的经验，如有适用的，采取它；如不适用的，就回避它。本国以前的经验，如有适用的，就保存它；如不适用，就除掉它。去与取，只问适不适，不问新和旧。适合的，适合国情，适合个性，适合事业，就发扬它。这也是墨子“名实耦，合也”思想的再现。

1922年，陶行知关注到教育国际交流的重要性。世界以为中国没有教育，犹为事小；若中国真无教育可说，那就真要惭愧了。我们一定要参与国际的教育运动，一是靠着自有的成绩，二是靠彻底的自明。自己有成绩，才能和人家交流；自己明白自己，更是和人家共同解决问题的初步。

1927年3月15日，这是一个值得纪念的日子。这一天，是晓庄学校开学典礼的日子。陶行知发表了热情演说。当时的晓庄一无校舍，二无教员。校舍，盖的是晴天，踏的是大地；农夫、村妇、渔民、樵夫都做指导员。在随后的日子里，陶行知与晓庄师生一起盖房子、建厨房、挖厕所，一起挑粪、挑水、种田、种菜、养猪、养鱼，什么都自己干，盖起了一座座茅屋：图书馆、办公室、会议室、音乐室、陈列室。一切都有了。他的生活教育理论，也有了；晓庄精神，也有了。陶行知将其归结为一个字，就是：做！

陶行知说：“做”弄通了，其余疑问就迎刃而解了。我们做一件事，便要想如何可以把这件事做好，如何运用书本，运用别人的经验，改造用得着的工具，使这件事做到最好。我们还要想到这件事和那件事的相互影响。我们要从具体，想到抽象；从视相，想到共相;从片段,想到系统。在实践中,学学习,学应用,学创造。

陶行知强调：生活决定教育，有什么样的生活便有与之相应的教育，教育是供人生需要、为了生活向前向上的需要的，只有在生活中求得的教育才是真正的教育。实际生活是教育的中心，文字、书本只是生活的工具，不是生活的本身，教育要通过生活才能产生力量而成为真正的教育。“千教万教教人求真，千学万学学做真人。”

教育与生活是同一过程，教育含于生活之中，教育必须和生活结合才能发生作用。教育以生活为前提，不与实际生活相结合的教育不是真正的教育。把笼中的小鸟放到天空中,使它任意翱翔,要把学校的一切伸展到大自然里去。到处是生活，即到处是教育；整个的社会是生活的场所，亦即教育之场所。学校教育的范围不在书本，而应扩大到大自然、大社会和群众生活中去，向大自然、大社会和群众学习，使学校教育和改造自然、改造社会紧密相连，形成真正的教育。

陶行知反对以“教”为中心，主张“教学做合一”，这就从教学方法上改变了教、学、做的分离状态，克服了书本知识与生活实践脱节、理论与实际分离的弊端，是教学法上的一大改革。教的方法根据学的方法，学的方法根据做的方法。事情怎样做便怎样学、怎样学便怎样教。教而不做，不能算是教；学而不做，不能算是学。教与学都以‘做’为中心，在做上教的是先生，在做上学的是学生。

生活教育之“道”，是教育要基于真实世界、实际社会、现实生活，生活即教育，社会即学校，是“教学做合一”。生活教育本身就是“工程化”的教育，是贯穿实践的教育，是孕育创新的教育，是学做项目的教育。生活教育是“工程化”的教育，是将生活工程化！

3．建教合作之“道”

黄炎培是中国近现代教育家，是近代职业教育的创始人和职业教育理论家。

黄炎培认为中国的教育“乃纯乎为纸面上之教育”。所学非所用，所用非所学，改良之道“不独须从方法上研究，更须在思想上研究”。他推崇的职业教育，要“谋个性之发展，为个人谋生之准备，为个人服务社会之准备，为国家及世界增进生产力之准备”。黄炎培推崇的职业教育，要手脑并用、做学合一、理论与实际并行、知识与技能并重。

1917 年，黄炎培发起成立中华职业教育社，其宣言里深刻说明了“使无业者有业，使有业者乐业”、“教育与生活、生活与劳动不应脱节”的主张。同年，他创办在中国历史上首个将“教育”与“职业”两词“连体”的刊物——《教育与职业》，在社会上推行职业教育。转年，经过筹资募款，在上海创办中国近代教育史上第一所以“职业学校”命名的学校——中华职业学校。

1923 年，黄炎培提出：凡平民教育性质之职业学校，最合现今社会所需要。但其一切设施，须使勿远于社会之生活状况，否则其结果将与其宗旨日趋而日远。

1927 年，黄炎培发表《办职业教育须下三大决心》，提出：办职业教育而不脚踏实地，其失败比其他教育还快。职业教育是绝对不许关了门干的，也绝对不许在书本里讨生活的。一种职业社会，即有一种环境。欲使所培养的，适于他的环境，进一步更须改善他的环境，必须使其知道他的环境是怎么样，才可以下手。

1931 年，黄炎培在《教育与职业》第 127 期发表论文《怎样办职业教育》，提出：第一，办职业教育，万不可专靠想，专靠说，专靠写，必须切切实实去“做”。因为职业教育的目标，很简单，很分明，是给人家一种实际上服务的知能，得了以后，人家要去实地应用的。第二，办职业教育，必须把试验业已有效的授给人家。

在“先知觉后知”之外，还需“先能授后能”。第三，办职业教育，不但着重职业知能，而且还要养成他们适应这种生活的习惯。以上第一点，须实地去做；第二点，需先试验有效；第三点，须深入这项职业的环境。这三点，可以说是办职业教育的通则。

黄炎培提出“大职业教育主义”，认为“只从职业学校做工夫，不能发达职业教育；只从教育界做工夫，不能发达职业教育；只从农、工、商职业界做工夫，不能发达职业教育”。办职业教育必须联络和沟通所有教育界和职业界，参与全社会的活动和发展，要更多地探寻职业教育外部环境的适应问题。以普通教育学校为正统的教育，以职业学校为偏系的教育，这种陈旧观念应彻底铲除。整个的职业教育应育全部教育过程和全部职业生涯。办职业学校的，须有最高的热诚，参与一切;须有最大的度量，容纳一切。职业教育应能包容一切。

“盖今世商战、工战，无非学战”，这是黄炎培为我们得出的极富警世意味的结论。

建教合作之“道”，是把教育和实业联为一体，是教育应切合实用；是教育与职业相沟通，学校与社会相沟通，一切学校设施，皆以社会为根据；是既要培养职业知能，又要培养职业道德与服务精神。建教合作是“工程化”的教育，是将社会工程化！

4．EPIP 之“道”

EPIP，是 Engineering Practice Innovation Project（工程实践创新项目）首字母的缩写。工程实践创新项目（EPIP），是工程(Engineering)、实践 (Practice)、创新 (Innovation)、项目 (Project) 四个元素的有机组合，其内涵是“工程化、实践性、创新型、项目式”。工程实践创新项目教学模式，即是 EPIP 教学模式，也称 EPIP，其总称为“工程实践创新项目（EPIP）教学模式”。

EPIP 是中国的教学模式。它以当代中国职业教育实际为研究起点，体现继承性、民族性的立场主张，具有主体性、原创性的理论观点，彰显系统性、专业性的实践特色，构建起具有中国特色、自身特质的院校办学思想、专业建设模式、课程结构体系、标识品牌概念、系列教学成果和典型应用案例，初步形成职业教育的 EPIP 教育论、EPIP 专业论和 EPIP 课程论。

1990 年，EPIP 创立者进入到职业院校从教。之前，经历四年师范本科教育，四年联合培养硕士教育。

1997 年至 2000 年，EPIP 创立者经历了近十年的职业院校教学实践，发表《我是这样做职校教师的——浅谈职业院校对教师的培养》《德国职教“双元制”及思考》《PLC 控制系统中信号指示灯的处理及测试方法》等文章近 20 篇。主要提出：

一是我国借鉴德国“双元制”模式，其目的是促进我国的职业教育改革，形成中国特色的职教制度和职教模式。先期重仿，长期重创，仿创结合，重在建设。

二是教无定法，教而有道。职业院校教师，要探索实用的教学方法和教学技巧，通过教学实践让教育理论、教学法的功用具体化，“活起来”。

三是新教师要做“先生”，先得做“学生”。学生在专业上要进行的实践操作、要学的加工方法，新教师应该亲手做一遍。教师要清楚学生在学校里学什么，要亲身体验学生在学校的各个学习过程,要将施教对象的学习内容“工程化”,学习生活“真实化”。如果教师不是好“学生”，就不会成为学校的好“先生”。新教师不仅要学专业技术和技能，更要了解学校，了解各门课程之间的相互依存和联系，了解所授课程在整个专业体系中的位置和作用。这是新教师的职业“工程化”之一方面。

四是职业院校培养目标是为企业需要服务，培养适应能力强、企业生产需要的应用型人才。从职业院校走出去的毕业生不应该再需要数年的理论到实践过渡。短过渡期、无过渡期的人才培养，是职业院校追求的办学目标，也应该是中国职业教育发展的方向。为实现这一目标，学校应该建立教师广泛接触实际，同企业建立联系，了解企业之需，寻求自己专业同企业实际结合的运行机制。

要探索毕业设计新模式，选题来源于企业，学生在教师的指导下利用所学为企业解决实际问题；师生共同完成企业技术项目的同时，完成将学生向企业所需人才的真实过渡。教师在教学实践中要不断充实自己，不仅当“先生”，而且要成为产业领域的“专家”。这是新教师的职业“工程化”之另一方面。

2001 年至 2006 年，EPIP 创立者在教学实践的基础上，进行经验总结及理论研究，发表《高职电气工程自动化专业课程模式的改革》《核心技术一体化模式探索》《创建相互平行、融合交叉的理论和实践教学体系的实践与思考》等论文 10 余篇。主要提出：

一是校企合作的专业建设须有与之相适应的理论和实践教学结构体系。以专业核心技术为人才培养主线，整体教学过程分为基础教学、专业教学、专长教学、毕业顶岗四个层面（时间轴为纵向）；平台学习和主体学习两个阶段（平台学习阶段包括基础教学，主体学习阶段为专业教学、专长教学、毕业顶岗），实践能力培养始终不断线，贯穿教育教学始终，即构建“四层两段一贯穿”课程结构体系，体现“实践性”。

二是对专业所设课程进行有机整合，形成纵向贯通、横向融合的理论和实践教学体系。两个体系相互平行，融合交叉，即构建“相互平行、融合交叉”的理论教学和实践教学体系，把专业核心技术的综合应用能力培养作为交叉点和教育教学重点，突出知技协进、德技并修、全面培养的“实践性”，突出真实导向、过程完整、能力培养的“项目式”。

三是创建“核心技术一体化”专业建设模式。探索产业、行业、企业、职业要素融入专业建设，为校企共同开发、协同教学、协作培养、共赢发展提供合作平台，突出专业建设的“工程化”和“创新型”。

四是基于真实工程、真实世界和现实生活，保证技术技能人才培养与区域经济、产业升级、行业企业需求的一致性。探索校企共同建设专业、校企共同组织教学、校企共同培养学生、校企共同实现发展，专业建设面向真实实际，专业建设突出为经济社会服务，实现生活化、社会化。

2007 年至 2013 年，EPIP 创立者经过长期的教育教学实践和系统的教育理论研究，发表《谈 2008 年全国职业院校技能大赛专业特色和价值内涵》《探索产学结合模式，走中国特色高等职业教育发展之路——浅谈德国高职教育中的产学结合》《核心技术一体化建设模式实践与探索》《德国职业教育中的“关键能力”培养》等论文 10 余篇，主编《自动化生产线安装与调试》（中、英文版）、《楼宇智能化系统安装与调试》、《数控机床安装与调试》、《机器人技术应用》、《工程实践创新项目教程》（中、英文版）等体现 EPIP 的立体化教材。主要探索：

一是围绕产业发展需求，加强全国职业院校技能大赛赛项成果转化，服务日常教学。研制、开发服务高技能人才培养和技能赛项转化的教学资源，将专业建设引导到学生综合职业能力培养上来，将综合实践课程开发引导到企业岗位需求上来。研制竞赛载体，创新竞赛模式，增强职业技能大赛的社会贡献力和国际影响力。

二是探索职业教育国际合作双向互动模式，推进中国与东盟职业教育合作，推动国赛赛项标准、赛项装备和教学资源走进东盟十国技能大赛，带动优秀企业和优质产品走出去。

三是明确专业核心技术是专业的固有属性，“核心技术一体化”专业建设模式是校企合作、工学结合理念的重要落地方式，该模式应用获国家教学成果奖。

2014 年至 2020 年，EPIP 创立者深入研究产教融合机制，探索并推动天津职业教育改革创新，引领国际交流合作，发表《专业群对接产业需求的实践探索》《职业教育：供给侧结构性改革》《鲁班工坊——职业教育国际化发展的新支点》《五业联动——职业教育科学发展的新途径》等论文 20 余篇，主编《工业机械手与智能视觉系统安装与调试》（中、英文版）等体现EPIP的立体化教材5部，推出《EPIP教学模式——中国职业教育的话语体系》、《鲁班工坊——中国职业教育的国际品牌》、《EPIP职业教育教学模式——改造我们的学习》及*TEACHING MODEL OF EPIP*等著述8部。主要探索并提出：

一是巩固和完善政府主导、行业企业主办的职业教育办学体制，朝向“党委主导、政府主推、行业主办、教育主管、企业主体”方向推进，创立产业、行业、企业、职业、专业的“五业联动”产教融合机制（2020年2月，国务院办公厅文件中被确立为职业教育发展新机制，进行推广），为职业院校办学、专业（群）建设找到“工程化”主线。

二是推动天津职业教育与经济社会同步规划、与产业建设同步实施、与技术进步同步升级、与国际产能同步布局，努力成为中国特色职业教育制度创新的高地、体系建设的引擎、国际合作的窗口、区域协同的平台、质量提升的支点。充分利用信息化手段和大数据技术，对接国际标准，建立国际公认和国内通用的职业教育、技术技能人才、产教融合质量标准体系。

三是职业院校聚焦战略性新兴产业、先进制造业和现代服务业，加强职业院校基础能力建设，使其成为区域人才培养、社会培训、职业启蒙、社区服务、老年教育的中心。

四是加快中职高职系统（衔接）培养、高职本科联合培养改革，构建中职、高职、职教本科、专业硕士有效衔接的技术技能人才培养通道，搭建人才多样化发展的“立交桥”。

五是基于全国职业院校技能大赛赛项和教学资源开发，创设并实践“服务产业升级与社会需求，面向教学改革实际，聚焦综合实训教学，融入行业企业标准，采纳国际通用技术，着眼大赛教学资源转化”的“六维度”技能赛项开发模式；创设并探索“遵循工程实践真度、技术应用深度、训练空间广度、资源内容厚度、软硬结合密度、虚拟仿真效度、教学过程乐度、人才培养适度”的“八度”教学资源开发方法，引领教学改革实践，达成 EPIP 教学应用目标，获得职业教育领域首个国家级教学成果“特等奖”。

2021 年至 2024 年，EPIP 创立者带领团队深入研究并推动 EPIP 的应用，发表《论工程实践创新项目（EPIP）教学模式的“工程化”——从陶行知的生活教育思想说起》《工程实践创新项目 (EPIP) 的核心要义》《由陶行知教育思想谈中国职业教育适应性发展——纪念陶行知先生诞辰 130 周年》《传承黄炎培职教思想精髓推进现代职教理论与实践创新——写在中华职业教育社成立 105 周年之际》《从“行知园”“炎培园”到“班墨园”》《谈职业院校新教师入岗训练与“双师型”素质教师、“双师型”结构团队培养——

EPIP视域下“双师型”教师队伍的培养机制与路径》《试析“鲁班工坊”实践与理论创新的逻辑机理、实现路径》等论文20余篇，出版国家规划教材《工程实践创新项目（EPIP）教程（第二版）》《自动化生产线安装与调试（第四版）》，推出《工程实践创新项目（EPIP）解析》《鲁班工坊（LUBAN WORKSHOP）解析》《技能大赛（ChinaSkills）解析》《鲁班工坊研究：溯源·要义·标准·策略》《鲁班工坊纵览与博观》等著述10余部。主要探索并提出：

一是将创立中国本土化教学模式（EPIP）与创成中国国际化教育品牌（鲁班工坊）相结合，在亚欧非10余个国家的院校设立EPIP教学研究中心、教学研究与应用推广中心、认证试验中心。载入《中国职业教育发展报告（2012—2022年）》，EPIP被确立为鲁班工坊核心要素。2022年，组织团队申报“模式创立、标准研制、资源开发、师资培养——鲁班工坊的创新实践”成果，再获国家级教学成果“特等奖”。

二是通过鲁班工坊在海外开展学历教育和技术培训，为合作国培养了解中国技术、熟悉中国工艺、认知中国产品的本土技术技能人才，与世界分享中国职业教育的教学模式、专业标准、技术装备和教学资源，打造职业教育服务“一带一路”的国际公共产品，形成职业教育走向世界“小而美、见效快、惠民生”的中国方案，系统诠释职业教育领域的中国道理、中国经验和中国理论。

三是以 EPIP 教学模式创立，确立中国职业教育的话语体系。习近平总书记指出：“要加快构建中国话语和中国叙事体系，用中国理论阐释中国实践，用中国实践升华中国理论，打造融通中外的新概念、新范畴、新表述，更加充分、更加鲜明地展现中国故事及其背后的思想力量和精神力量。”鲁班工坊的项目建设与品牌运营就是沿着这样的逻辑主线，通过中国本土化教育教学实践，创立中国职业教育的话语体系——工程实践创新项目（EPIP）教学模式。“推广”“推行”“推动”工程实践创新项目（EPIP）教学模式，相继写入《天津市教育现代化“十四五”规划》、教育部与天津市人民政府《关于深化产教城融合，打造新时代职业教育创新发展标杆的意见》、教育部与天津市人民政府共建《关于探索现代职业教育体系建设改革新模式实施方案》。

四是以“四递进”，实现国际化专业标准落地生根。鲁班工坊的国际化专业标准是按照“四递进”逻辑推进的。第一“递进”，联络产业、行业、企业、职业要素，研制“中国式”国际化专业教学标准。第二“递进”，组织专业教学试验班，基于“国际化专业教学竞赛”“国际化专业说课观摩”开展国际化教学成果验收。第三“递进”，通过鲁班工坊，中外合作院校、中外合作企业共同开发“国别性”专业教学标准。第四“递进”，在境外“落地”国际化专业教学标准，纳入合作国的国民教育体系。“四递进”的实施将中国职业教育标准与境外合作国经济社会发展实际相结合，与境外合作院校人才培养方案相融合，与境外当地产业企业需求相契合，全面提升了职业院校国际化办学水平和国际影响力。

五是以资源开发为牵引，分享中国职业技能大赛教学设备。天津作为主赛场连续举办了十二届全国职业院校技能大赛。在赛项设置升级和先进技术融入的过程中，主动开展了竞赛资源成果转化工作，将技能大赛的理念、标准、装备、资源“具化”到专业建设中，“渗入”到课程教学中，“拓展”到中外合作中，奠定中国职业教育与世界深度分享、互学互鉴的资源基础。在鲁班工坊项目建设与运营中，基于EPIP，研发了“工程化、实践性、创新型、项目式”教学资源130余部套。团队主持了首届世界职业院校技能大赛赛项设计和赛场组织实施工作，并兼容性开发了10余个竞赛类赛项，奠定了“鲁班工坊赛道”的竞赛标准和竞赛载体基础，为世界职业院校师生的技能交流搭建了高质量平台。

六是鲁班工坊的创新实践，聚焦在创立中国本土化教学模式，创成中国国际化教育品牌。2018年9月以来，习近平主席先后24次就“鲁班工坊”做出重要论述。2023年6月，习近平总书记在文化传承发展座谈会上指出，“用中国道理总结好中国经验，把中国经验提升为中国理论，实现精神上的独立自主。”创成教育品牌，创立教学模式，是落实习近平总书记重要论述重要指示的生动实践。

EPIP 之“道”，是把职业教育作为现代产业体系发展的组成部分，是把职业教育发展作为社会营商环境改善的重要内容。EPIP 注重职业教育与经济社会发展、产业结构调整、科学技术进步、国际产能布局的协同；注重基于真实工程、真实世界、现实生活的全面育人；注重学校、企业双方共同调研寻找、研讨确定专业的核心技术，保证产业、行业、企业、职业要素全程、全面融入专业建设；注重课程所含的知识、技术（技能）、素养都要以工程为基础，源自工程，瞄准工程，服务工程。

EPIP，是方法，更是路径。

EPIP 是方法，是谋教育事业、做院校管理、干实际项目、当教师、做学生的方法。

EPIP 是路径，是聚焦服务区域经济社会发展、打造院校核心竞争力、构建专业核心技术、推进知技协进、德技并修、全面育人的路径。它结合中国职业教育的院校办学实践、教育教学实践、改革探索实践和理论创新实践，举旗以彰理，举中国特色之旗，彰中国职业教育之理；落地以取效，落中国教育之地，取中国高质量发展之效。

EPIP，是以实际工程为背景和基础，以工程实践为导向和贯穿，以工程实践创新能力培养为目标和归依，以真实工程项目为统领的高级复合型、高端专门型、技术应用型、技术技能型人才培养的教学模式。

面对旧中国，陶行知曾说，中国的乡村教育走错了路！生路是什么？就是建设适合乡村实际生活的“活教育”。

进入新时代，踏上新征程，中国的职业教育走对了路！前路是什么？就是建设扎根中国大地、适合中国实际、造福中国人民的产教融合、知行合一的“新职教”。

第三篇

工程实践创新项目（EPIP）

这是一个需要理论而且一定能够产生理论的时代，这是一个需要思想而且一定能够产生思想的时代。

——习近平

所以谓，名也；所谓，实也；名实耦，合也。

今存《墨子》有六篇，其第一篇《经上》提出“名”“实”“合”“为”作为认识的标准。它标志着墨家朴素唯物主义反映论的认识论得到了进一步深化，是墨家“三表”思想的发展。

“名”是“所以谓”，我们用以认识、说明事物的名词、概念；“实”是“所谓”，即我们认识、说明的对象；名实相符之过程即“名实耦”；我们欲达之结果，谓之“合”。而“为”是认识的目的和检证，它包括：“志”，即行为的主观动机；“行”，即实际的行动。中国的知行合一，此处能找到源头。

工程实践创新项目（EPIP），是工程 (Engineering)、实践 (Practice)、创新 (Innovation)、项目 (Project) 四个元素的有机组合，其内涵是“工程化、实践性、创新型、项目式”。EPIP，是 Engineering Practice Innovation Project（工程实践创新项目）首字母的缩写。“工程实践创新项目”特指一种教学模式，即EPIP教学模式，也可以简称为EPIP，其总称为“工程实践创新项目（EPIP）教学模式”。

以工程实践创新项目（EPIP）教学模式应用为核心内容的项目成果，获中国职业教育领域首个国家级教学成果“特等奖”，成为中国职业教育的话语体系和重要标识。

一、教学模式与EPIP

国内外对教学模式概念的理解并不完全一致。

在国内，概括起来有如下三种。第一种，认为“教学模式是在教学实践中形成的一种设计和组织教学的理论，这种教学理论是以简化的形式表达出来的”，可称其为“理论说”。第二种，认为教学模式是在“一定教学思想或理论指导下建立起来的各种类型教学活动的基本结构或框架”，可称其为“结构说”。第三种，认为教学模式是“在一定教学思想指导下建立起来的，完成所提出教学任务的比较固定的教学程序及其实施方法的策略体系”，可称其为“程序说”。

基于 EPIP 的教学实践与理论研究，EPIP 创立者认为，把握教学模式，要注意：

①模式不是方法，教学模式与教学方法不属于同一层次；

②模式不是计划，教学计划是外在表现，不足以揭示所含的教学思想；

③模式不是理论，至少不仅仅是教育理论，还含有程序、结构、方法、策略等，教学模式远比教育理论更丰富。

我们理解，教学模式应该是开展教育教学活动的一整套方法论体系，是在一定教育理念、教学思想、教学理论指导下，建立起来的较为稳定的教育教学活动策略方法、结构框架和活动程序。教学模式是教育理论的具体化，是教学实践的系统化。

EPIP，是结合技术技能人才培养的中国实际而创立的一种教学模式，它适合于高级复合型、高端专门型、技术应用型、技术技能型人才培养。EPIP 主要有“三观”，即微观 EPIP、中观 EPIP、宏观 EPIP；其内涵分别对应 EPIP 的课程论、EPIP 专业论和 EPIP 教育论。EPIP 是工程 (Engineering)、实践 (Practice)、创新 (Innovation)、项目 (Project) 四个关键元素的有机组合，是指以实际工程为背景和基础，以工程实践为导向和贯穿，以工程实践创新能力培养为目标和归依，以真实工程项目为统领的教学模式。它是中国职业教育理论上创新成果的具体化，也是中国职业教育实践中改革经验的系统化。

二、EPIP缘起与发展

EPIP 是一种中国本土化、视野国际化的教学模式。它以当代中国职业教育实际为研究起点，体现继承性、民族性的立场主张，具有主体性、原创性的理论观点，彰显系统性、专业性的实践特色，构建起具有中国特色、自身特质的院校办学思想、专业建设模式、课程结构体系、策略方法系统、标识品牌概念，初步形成职业教育的 EPIP 教育论、EPIP 专业论和 EPIP 课程论。

1．EPIP 汲取中国古代、近现代教育思想

EPIP 汲取了中国古代、近现代教育思想。EPIP 创立者深度挖掘转化了以墨子为代表的“行为本”“亲知”“名实耦”朴素唯物思想及反映论，转化发展了陶行知的“生活即教育、社会即学校”、“教学做合一”、以“做”为中心教育思想，发展创新了黄炎培的“建教合作”、教育与实业联为一体以解决生计、开发产业职业教育思想，亲历了“产教融合、校企合作、工学结合、知行合一”教育教学实践创新，创立了中国本土化的教学模式。

2．EPIP 借鉴世界先进教育理念

EPIP 创立者及团队，参与完成了十国职业教育比较研究，开

展了30余个国家与地区考察学习及项目进修。EPIP创立者，从事中德两国职业教育合作办学实践20余年，参与中西（西班牙）两国职业教育合作办学实践10余年，组织实施中加（加拿大）职业教育合作办学实践近10年，深度参与了欧洲（包括德国、法国、英国、西班牙、瑞士、葡萄牙、捷克等国）、日本、美国、加拿大、澳大利亚、东盟（新加坡、泰国、印尼、柬埔寨等国）、非洲（埃及、埃塞俄比亚、吉布提等国）、中亚（乌兹别克斯坦、哈萨克斯坦、吉尔吉斯斯坦、土库曼斯坦）、中美洲（尼加拉瓜）等的实地项目考察及现场项目交流，对国际教育理论、模式、体系、话语、方法进行了深入分析、鉴别、梳理、提炼、试验、总结，以30余年的职业教育教学实践和理论研究为基础，创立了中国本土化、视野国际化的教学模式。

3．EPIP 成为中国职业教育话语体系

EPIP适应服务经济社会发展，促进学生就业创业，是围绕中国职业教育“产教融合、校企合作、工学结合、知行合一”倡导，在理论、模式、话语、标识、体系领域的一个成功探索。民族的，就是世界的。把中国职业教育实践总结好，就能为解决世界性问题提供思路和办法。

第一个“鲁班工坊”，2016年在泰国落成。目前已建成泰国、英国、印度、印尼、巴基斯坦、柬埔寨、葡萄牙、吉布提、埃及、南非、尼日利亚、埃塞俄比亚等 33 个“鲁班工坊”，遍布亚欧非三大洲。鲁班工坊是以“工程实践创新项目（EPIP）”教学模式为建设主线，构建起国际化的专业标准、实训装备、教学课程、师资队伍，提供适应合作国的职业教育解决方案，为合作国培养经济社会发展需要的本土化技术应用型、技术技能型人才。

鲁班工坊建设团队不断探索，持续研究，确立鲁班工坊核心要义为 12345，即一块品牌，两种功能，三条路径，四个内涵，五项原则。其中，一块品牌是指中国职业教育的国际品牌；两种功能是指实施学历教育与技术培训；三条路径是指实施校校责任主体合作、校企协同依托合作、校府项目支持合作；四个内涵是指以中国本土化、视野国际化的工程实践创新项目（EPIP）为教学模式，以中国院校主导开发的国际化专业标准为基本依据，以全国职业院校技能大赛（国赛）等优质赛项装备为主要载体，以师资培训先行及教学资源开发为必要保障；五项原则是指平等合作、优质优先、强能重技、产教融合、因地制宜。

4．EPIP 推动海外中国职业教育研究

《工程实践创新项目（EPIP）教程》（中、英文版）、《EPIP 职业教育教学模式——改造我们的学习》、《EPIP 教学模式——中国职业教育的话语体系》，以及 *TEACHING MODEL OF EPIP*，*KEY PRINCIPLES OF LUBAN WORKSHOP* 等教程、论著和专著的相继出版；60余篇EPIP研究论文（中外文）公开发表；以泰国哲仁、葡萄牙卢卡斯、埃塞俄比亚特萨利为代表的一批EPIP国际专家教授、专业教师，在世界各地开展卓有成效的专业建设、课程改革、理论研究，为中国与世界各地的教育合作交流、深度分享提供了坚实基础,增强了中国职业教育的国际影响力。2019年,在首届“鲁班工坊”与“产教融合”国际论坛上，来自15个国家的200余位专家学者完整演绎了EPIP应用成果的“大剧”；2022年，在首届世界职业技术教育发展大会上，来自10余个国家的22位学者发表主旨演讲，向全球123个国家精彩呈现了EPIP推广成效的“大片”，推动了海外中国职业教育研究。

EPIP，成为中国职业教育的标识。2017年5月，EPIP国际教育联盟 (Alliance EPIP International Education) 成立，由国内外知名教授学者、行业企业专家、工程技术人员组成。2023年6月，第六届EPIP国际教育联盟学术论坛在中国天津市、泰国大成府两个主场举行，累计近300位代表参加论坛活动。2023年9月，“2023亚欧博览会·教育国际论坛”举行，中国天津现代职业技术学院与巴基斯坦旁遮普省技术教育与职业培训局（TEVTA）成立“巴基斯坦职业教师培养EPIP认证试验中心”；作为论坛重要成果，教育部副部长孙尧，巴基斯坦、哈萨克斯坦、乌兹别克斯坦等国教育部行政官员，共同见证“中国—中亚工程实践创新项目（EPIP）

教学研究与应用推广中心”成立。2023 年 10 月，教育部副部长陈杰见证中国天津轻工职业技术学院邀约埃及艾因夏姆斯大学加入工程实践创新项目（EPIP）研究与推广中心仪式，并亲自向埃方赠送《工程实践创新项目 模式·学理·话语·应用》(中英双语版)。2017 年以来，泰国、印度、葡萄牙、埃塞俄比亚、埃及、乌兹别克斯坦等 10 余个国家相继建立了 EPIP 应用中心、研究机构或推广中心。中国天津渤海职业技术学院、泰国大城技术学院、葡萄牙塞图巴尔理工学院的“工程实践创新项目（EPIP）体验中心”和“EPIP 教学研究示范中心”已经成为中外 EPIP 教学研究与应用成果的集散地。天津机电职业技术学院领衔的教育部重点课题“基于‘工程实践创新项目(EPIP)’教学模式研究与实践”顺利结题。

5．EPIP 助力鲁班工坊成为国家行动

2015 年 7 月，教育部与天津市启动共建全国唯一的“国家现代职业教育改革创新示范区”，把提高职业教育国际化水平作为示范区“升级版”建设的重要任务。同年 8 月，天津市教育委员会（以下简称天津市教委）牵头，正式启动在海外设立鲁班工坊的前期研究和方案设计工作，明确了鲁班工坊的发展定位、主要任务，研制了建设原则、实施路径、核心内涵和保障措施。同年 9 月，王继平、吕景泉、李力等基于“专注技术技能，传承职业文化、体现技能特质、彰显工匠精神、蕴含创新智慧”的考虑，选择了“鲁班（LUBAN）”作为项目的文化传承代表；另一方面，基于“体现教学做一体，寓意小巧精致的环境、现代学徒的情境、工作劳动的场所、精湛技艺的传承”的考虑，选择了“工坊（WORKSHOP）”作为项目的空间载体蕴意。“鲁班工坊（LUBAN WORKSHOP）”由此得名。

鲁班工坊，是教育部和天津市共建国家职业教育改革试验区、示范区、示范区“升级版”和新时代创新发展标杆、新征程职教体系新模式连续 18 年的重大创新性成果，是基于职业教育与技术培训这一国际公共产品建设所创立的中国职业教育国际品牌，由此形成了中国职业教育的国际话语体系。《中国职业教育发展报告（2012—2022 年）》向全球宣示：擦亮“鲁班工坊”中国名片。“中国将坚持平等合作、优质优先、强能重技、产教融合、因地制宜的原则，坚持‘鲁班工坊’品牌核心要义，坚持共研、共建、共享、共用、共赢，不断优化和完善‘鲁班工坊’全球布局。继续鼓励有条件的职业院校在海外建设‘鲁班工坊’，继续推动中国本土化、视野国际化的工程实践创新项目（EPIP）应用，发挥已建成的泰国、葡萄牙、埃塞俄比亚等国 EPIP 教学研究中心作用，给更多境外合作伙伴带去先进的教学模式、优质的教学装备。”

鲁班工坊建设以 EPIP 应用为主线，以 EPIP 话语体系为中外教师教研基础，以 EPIP 核心内涵为概念标识，职业院校应用 EPIP

开发了100余个国际化专业教学标准，开发了全国职业院校技能大赛10余套赛项装备，开发了EPIP规划教材100余册（中外文版），开展了标准化进阶式EPIP师资培养培训，全面提升了鲁班工坊建设品质。2018年，以天津渤海职业技术学院等院校为代表鲁班工坊国际化教学标准建设成果，获国家级教学成果一等奖；天津二商学校（天津经贸学校）英国鲁班工坊教学资源建设成果，获国家级教学成果二等奖。2022年，天津职业院校“模式创立、标准研制、资源开发、师资培养——鲁班工坊的创新实践”建设成果，获国家级教学成果“特等奖”。

2018年9月3日，习近平主席在中非合作论坛北京峰会上明确：“在非洲设立10个鲁班工坊，向非洲青年提供职业技能培训。”从2018年中非合作论坛，到2021年上合组织元首理事会，再到2022年中阿峰会，2023年中国—中亚峰会，第三届“一带一路”国际合作高峰论坛；从2018年在欧洲见证葡萄牙鲁班工坊协议签署，到2019年在北京会见埃及总统塞西，再到2022年在北京会见中亚五国领导人；习近平主席先后24次在重大外交场合就“鲁班工坊”作出重要指示论述。从2021年11月国新办发布《新时代的中非合作》（白皮书），到2022年8月教育部发布《中国职业教育发展报告（2012—2022年）》，再到2023年9月国新办发布《携手构建人类命运共同体：中国的倡议与行动》（白皮书），2023年

10 月国新办发布《共建“一带一路”：构建人类命运共同体的重大实践》（白皮书）；从中非合作论坛“八大行动”之第五项行动——在非洲设立 10 个鲁班工坊，到高质量共建“一带一路”、“八项行动”之第三项行动——通过鲁班工坊推进中外职业教育合作。鲁班工坊已经成为元首引领外交的重要合作项目，服务“一带一路”的重大国家行动。它是中国职业教育在世界教育合作、国际产教融合领域开辟先河的大事，是近代以来中国职业教育发展史上具有里程碑意义的大事。

三、EPIP的内涵与要义

新中国成立以来，中国教育科学取得了巨大发展。同时，也存在一些需要改进的地方，具体表现为：教育科学研究过分注重学术性，教育学研究脱离教育实践，其研究成果不能及时或不适合指导教育实践。

改革开放以来，中国的职业教育不断面向世界，职业教育研究逐步关注实际，形成了全面开放性的国际职业教育比较研究趋势。几十年实践证明，任何片面地、孤立地、笼统地学习国外职业教育，而忽视职业教育的环境、土壤、本质及适配条件去介绍、引进、推广国外职业教育，原汁原味地吸收应用，都可能导致教育失误，伤害中国的本土教育。世界上，各个国家都应根据自己的国情和教育环境，依据自己国家对职业教育的需求和受教育者的要求，探索适合的职业教育模式，而不是盲目照搬国外的职业教育模式。我们在深度梳理、广泛汲取中国本土教育思想，形成的独具自身特质的办学模式、教学模式、话语体系及研究成果方面存在差距。我们在客观看待、科学鉴别一些国外职业教育模式、标准、制度及政策方面存在一定的盲目性，有过度性崇拜、无定力盲从倾向。中国职业教育在产教融合、工学结合方面存在知行不合倾向。

有效解决中国教育存在的模式盲从、标准依赖、装备模仿、资源照搬、效果不彰等问题，系统解决直面世界产教融合、国际产能合作，开展境外职教合作的主体依托问题，探索解决中国教育"出海"，与世界分享教学成果的路径、载体、保障问题，仍然是需要长期努力才能解决的系列问题。

新时代新征程上，中国职业教育的高质量发展，就是要增强服务意识和服务能力，增强适应性，扎根中国大地办教育，瞄准国家战略，聚焦区域经济发展，为生产服务，为生活服务，为青年人实现个人职业梦想服务，为人人都能够出彩服务。

EPIP 是在中国的职业教育探索实践和理论研究基础上，围绕教学模式，汲取中国古代、近现代教育思想，借鉴国际先进职业教育经验创立的。EPIP，从中国本土实践中来，再到中国本土实践中去，是结合中国实际创立的教学模式。

EPIP 的核心要义是:五观、四元、三谛、两核、一宗。我们从“五观”开始，依顺序介绍。

1．EPIP 的“五观”

从应用层级来讲，EPIP 主要有三个层级，即所谓三观：宏观、中观和微观，对应 EPIP 教育论、EPIP 专业论、EPIP 课程论。如果再进行细分，拓展应用层级，那么，可以说还有两个层级，或两观，即更大的宏观，我们叫“达观”，或“宇观”；更小的微观，叫“纳观”。这样，就有了达观、宏观、中观、微观、纳观，五个层级。

达观，是指中国职业教育要结合中国实际办，要围绕重大战略办，要服务经济社会高质量发展办，要为青年成长成才办，要为人人有出彩的机会办。EPIP 的达观，是院校办学思想、办学策略层面的东西，是院校开展一切教育教学活动的整套认识论、方法论体系中的最高层次。达观，不仅是理念和思想，还要有路径和方法，重点是提供实现目标的“道”。这个“道”，一言以蔽之，就是“扎根”，真实的扎根，扎根中国大地，扎根中国大地办职业教育，解决中国“实际”问题。

EPIP 更小的微观，纳观，是指课程中每一个教学单元所含的一个一个知识点、技术（技能）点和素养点，也指院校的每一项细小的工作，每一个细碎的环节，每一处细微的环境，更是指教育教学“全时空”的微片段、微界面、微元素。这些知技素点的教学，这些微片段、微界面、微元素的教育，也应该遵循 EPIP 进行组织实施。

2．EPIP 的“四元”

EPIP 是结合技术技能人才培养的中国实际而创立的一种教学模式。EPIP 是工程 (Engineering)、实践 (Practice)、创新 (Innovation)、项目 (Project) 四个元素的有机组合，即工程化、实践性、创新型、项目式。从元素组合讲，EPIP 是以实际工程为背景和基础，以工程实践为导向和贯穿，以能力培养为目标和归依，强化工程实践，强化实践创新，强化项目统领的教学模式。

（1）EPIP 的“工程化”

当今中国，已经成为全球首屈一指的工程大国。工程大国，决定大国教育要面向工程。

20 世纪 80 年代，邓小平提出“三个面向”，教育要面向现代化，面向世界，面向未来。“三个面向”是邓小平理论的组成部分，是邓小平教育理论的精髓。三个面向，用今天的话语来表述，就是面向中国特色社会主义现代化建设伟大工程，面向推进构建人类命运共同体伟大工程，面向不断满足人民群众未来生活新期盼伟大工程。

职业教育要面向人人，面向社会，着力培养学生的职业道德、职业技能和创新创业能力。面向人人，就是让每个人都能得到全面发展，都能有人生出彩的机会；面向社会，就是服务区域经济社会高质量发展，建设中国式现代化强国。

EPIP 的“工程”，是指真实工程，真实世界，现实生活中实实在在的实事、实物、实情、实况。EPIP“工程化”，是生活化，生产化，现实化，社会化。EPIP 的“工程化”核心是“真实”，教与学基于真实，实践真实，创新真实，项目真实。离开了真实的教育，不是好教育，也不是成功的教育。

EPIP 的“工程化”，是指职业教育要让学生学会解决“真实”的问题、“实际”的问题，使学生能够在真实世界、现实生活中得心应手地工作、生活。为“真实”教，用真实工程教；依“真实”学，在真实工程上学；凭“真实”考，借真实工程来考。

“工程化”是工程实践创新项目（EPIP）教学模式的根基。“工程化”是 EPIP“实践性”、“创新型”和“项目式”的初始和开端。没有“工程化”，EPIP 无从谈起！

（2）EPIP 的“实践性”

实践出真知。

2022 年 8 月，中国教育部面向全球发布的《中国职业教育发展报告（2012—2022 年）》指出：实践是职业教育区别于其他类型教育的显著特征。中国职业教育遵循技术技能人才培养规律，坚持产业、行业、企业、职业、专业“五业联动”，创新教学模式，培养造就支撑发展的高素质劳动大军。同时强调，推广工程实践创新项目教学、案例教学、工作过程导向教学模式，学中做、做中学，强化教学、学习、实训相融合的教育教学活动，提升学生的实践能力。

EPIP 的“实践性”是指教育教学整体过程活动的实践性。EPIP 设计与实施的整体过程，应该是动脑与动手真实结合的教育教学实践，是理论与实际真实结合的教育教学实践，是学校与企业真实结合的教育教学实践，是职业教育与经济社会真实结合的教育教学实践，是全面培养与成长成才真实结合的教育教学实践；更是产教融合、校企合作、工学结合、知行合一的教育教学实践。

在工程背景下，实施工程实践导向、真实任务驱动的教育教学，其教育教学使用的载体和情境应该是真实的，或者是依据真实现场工程化仿真的；可以是借助信息技术工程化的虚实结合、软硬结合，当然也是校内校外、教育生活、学校社会结合的。实施这种以实践为主体的教学模式，强调育人与育才相统一、职业精神与技术技能培养相融合，传授基础知识与培养专业能力并驾齐驱，理论与实践并重，在真实情境下将职业能力规范、职业道德培养融入教育教学之中，保证学习者实现德智体美劳的全面发展。

EPIP 的“实践性”要求：知技协进、德技并修、全面培养。

（3）EPIP 的“创新型”

创新既是过程，也是结果。创新需要深厚的实践积累，更需要广阔的实践空间。

EPIP 强调，学而知其用，用而知其所，所而知其在。这个“在”，是“所”的具化，是实化具化的所处所在，是真真实实的“扎根”，实实在在的“实际”。任何学，都要了解、知晓所学之用、所学之所、所学之在。这是“工程化”的强化过程，我们也称之为工程化的“三递进”。

学而知其用，知其所，知其在，强调无论是学习知识、练就技能、掌握技术还是熏陶素养，这些知识、技能、技术、素养都是“学”，都要以真实工程、真实世界、现实生活中的实事、实物、实情、实况为背景，要知道学的东西如何用，用在哪，在“真实”中具体的、真实的存在形态，所处位置、所起作用、所生效果。EPIP“工程化”的“在”，是真实的、具体的、有相的、完整的，是落地的“在”。

EPIP 还强调，在而知其代，代而知其原，原而知其衍。这个“衍”，就是繁衍、衍化、变化。EPIP 教学，创新能力培养至关重要。这个衍化过程，我们也称之为“三递进”。

在而知其代，知其原，知其衍，强调教学中，很多情况是在高度仿真、虚拟情境、概念推理下具体的教与学，它是一个代替了真实工程的情境、抽取要素的载体、以名举实的概念，是一种代替；但是，教学过程中，教师应该让学生始终知道这个代替“所代替的”是什么，而且，要不停地不断地“回象”到工程，“回象”到真实、“回象”到现实；也可以说，正是因为营造了、使用了这个并非纯真实的情境、载体、概念；也正是因为营造了的、使用了的，是源自于真实而又不是真实的，我们可以在“代”上去探索、去尝试高于真实的更加丰富的工程实践空间，去体会“创新”的乐趣。

EPIP 提供了工程化的背景和基础，提供了实践性的载体和积累，也提供了工程实践的广阔创新空间。正所谓，“道生一，一生二，二生三，三生万物”。而那个“生万物”，我们理解为创新，即创新之所得！

（4）EPIP 的“项目式”

我们的教育教学，时常是片段的、割裂的、不完整的。

职业教育，要在教学生学知识、练技能、强技术、重素养的过程中，注重关键能力培养，注重全过程的完整的教育教学。

关键能力的培养，主要是项目式的。在一个一个的项目中，培养学生认知能力，独立思考、逻辑推理、表达能力、信息加工、文字应用；培养学生合作能力，自我管理，与他人合作；培养学生创新能力，激发学生的好奇心、想象力和创新思维，鼓励学生勇于探索、大胆尝试、创新创造；培养学生职业能力，引导学生适应社会需求，爱岗敬业、精益求精，动手实践和解决问题。

每门课程、每项活动、每个环节都要力求体现完整、体现过程、体现全面，教师指导学生（团队）不停地在“做”一件一件完整的事情，在一件一件完整的事情上“教”，在一件一件完整的事情上“学”，在一件一件完整的事情上“考”。

3．EPIP 的“三谛”

我们在讲述 EPIP“创新型”时，强调了“学而知其用，用而知其所，所而知其在，在而知其代，代而知其原，原而知其衍”，即“六递进”原则。

我们回想一下，在 EPIP 的“四元”中，“工程化”强调“在”，是“学”的实化具化的所处所在，是真真实实的“扎根”，是实实在在的“实际”。“实践性”主要针对“原”，依据“原”进行教育教学，是根据事物本身的真实状况、发展变化实施教育教学，强调教育教学过程的知技协进、德技并修、全面培养。“创新型”强调“衍”，是事物真实与代替之间的不断地“回象”与“营造”，不停地“升华”与“拓展”。而“项目式”针对“做”，就是干事创业、干活做事的“完整”和“完成”。

进一步来讲这个“衍”，它是 EPIP 的灵魂。“衍”的过程和结果，是“原”作为“实境界”，与“代”作为“名境界”的相耦与圆融，进而生成“衍”的“合境界”。《墨子》讲，以名举实，名实耦，谓之合。合境界的生成，不是自然而然的，须经过“教”与“学”主动的、积极的、不断的努力才能达成，须我们行为主观动机的“志”和实际行动的“行”。这就是墨子讲的“为”的含义，也是“名”“实”“合”“为”的达成合一。“三谛”境界的达成，通过“为”生成合境界，就是知行合一。

“衍”基于“代”，这个“代”可以是办学空间、教学场所、工作情境、实践项目、训练装备、名词概念等，也就是真实工程、真实世界、现实生活中的实事、实物、实情、实况的“仿形”、“变形”、“替代”；教学中一般是以“代”为基础的，通过“为”的努力，与“原”进行不断比对、演进、升华，形成在学生心中的，或者说是在脑中的，凌驾于“原”与“代”之上的“合”空间、“合”场所、“合”情境、“合”项目、“合”装备、“合”概念。也可以说，“衍”是源于“原”，生于“代”，介于“原”与“代”之间，凌驾于其上，是“原”与“代”的耦合，而又高于“原”，高于“代”，是比“原”与“代”更真实，更丰富，更具活力的“念”在心中、脑中的意识反映。

“衍”的结果，是合境界的生成。在合境界中，学生看待学校校园内的办学空间、教学场所、工作情境、实践项目、训练装备、名词概念，就不再是简单的代替，也不再是一般意义上的虚拟、假象、理论，它们已经被“激活”了。在合境界中，可以让我们到达见虚知实、遇假为真、理实一体、名实相耦的境界，可以让我们辨识真实工程、真实世界、现实生活中实事、实物、实情、实况的瓶颈、弱项、不足，并在此境界中完善改进它，生发创新动力。

一念生三千，融涵真世界。此一“念”，就是“衍”。“合谛”，源于“实谛”，生于“名谛”，介于“实谛”与“名谛”之间，凌驾于其上，是“实谛”与“名谛”的耦合与圆融，是真实与虚实的“耦”在心脑中的“放飞”。在这里，我们说的“境界”，不是一个点，也不是一个面，是一个“体”，是立体化的情景空间。

这样的“衍”，当然也源自学，源自用，源自所、源自在（六递进原则的前三递进），是在此基础上，对“原”透彻、透底、透视理解，对“代”深刻、深度、深潜把握；是通过“教学做”反复回象真实、不断比对虚实、时时演进名实、步步圆融名实的“合谛”生成。

实谛、名谛、合谛“三谛”境界，是我们理解 EPIP 精髓的重要途径，它是《墨子》主张的“名、实、合、为”认识论和逻辑体系的传承创新。

《墨子》第一篇《经上》提出名、实、合、为。“为”是认识的目的和认识的检证，它包括：“志”，即行为的主观动机；“行”，即实际行动。“合谛”境界的生成，是工程实践创新项目（EPIP）的灵魂。圆融三谛，衍生三千。这个“三千”，就是万事万物，万方世界，也是无数创意创新创造。

4．EPIP 的“两核”

中国职业教育的发展，相较新时代新征程的要求还有很多差距。新时代新征程上，中国的教育应该进行更加彻底的反思与自省。

陶行知强调，新的教育应当与民众亲近，与自然万物亲近，并着重培养孩子的创造力和动手能力。黄炎培倡导，办职业教育必须联络和沟通所有，参与全社会的活动和发展，要更多地探寻职业教育外部环境的适应问题。他们都认为，中国最需要解决的是教育与生活、学校与社会、理论与实践相脱节的问题。

我们说，最好的职业教育是产教融合的教育，也可以说，产教融合是职业教育的本质属性。这个“产”，是更广范围的产，它是真实工程，真实世界，现实生活。而建教合作中的“建”，同样是很广范围的建，它是经济建设、社会建设、强国建设……

EPIP 的核心，是在真上学，在真上教，在真上做，让教育教学真实；是让学生完整地学，让教师完整地教，让项目完整地做，让教育教学完整；也是让产教融合、校企合作真实落地，让技术技能人才培养与评价真实、完整。

EPIP 的核心，就是“真实”和“完整”。

“士虽有学，而行为本焉”。EPIP 的运用，对于教师，就是为学生寻找、营造适合的工程目标和工程环境（真实世界、现实生活），在工程目标和工程环境下“一个一个项目”地培养学生；实施教学做一体，知技素协进；教会学生学，教会学生做；对于学生，是要了解工程，掌握工程，养成工程思维和工程素养，在教学做的“一个一个项目”中，学会学习，学会做事，学会创新。

EPIP，需要建立一个一个从简单工程项目到复杂工程项目的情境和载体，真实、完整地培养学生的自主学习能力、观察问题能力、分析问题能力和解决问题能力。EPIP 的“工程”，是真实世界、现实生活中的实事、实物、实情、实况。EPIP 的“工程化”，是生活化，生产化，现实化，社会化。

真实出真知，完整育“完人”！

5．EPIP 的“一宗”

EPIP，是源于技术技能人才培养的中国实际而创立的一种教学模式。EPIP 是以实际工程为背景和基础，以工程实践为导向和贯穿，以能力培养为目标和归依，强化工程实践，强化实践创新，强化项目统领的教学模式。

EPIP 的宗旨是什么？

EPIP，是强调“以用立业”的教学模式，是在职业教育领域，落实以服务发展为宗旨，以促进就业为导向，为生产服务、为生活服务的一种教学模式，是在创新型、复合型、应用型、技术技能型人才培养领域中的一种教学模式。

EPIP，是理念，是方法，是路径，是启示，更是探索。

EPIP 是一种理念，它对于职业教育发展、职业院校办学、专业组群构建、课程教学设计、师资队伍建设、实训装备研制、教育教学管理、培养绩效评价诸方面都有指导作用。

EPIP 是一种方法，是谋教育事业、做院校管理、干实际项目、当教师、做学生的方式方法。

EPIP 是一种路径，是聚焦服务区域经济社会发展、打造院校核心竞争力、构建专业核心技术技能、推进知技协进、德技并修、全面培养的路径。

EPIP 是一种启示，是我们的睿智圣者、职教先贤给予我们教育同仁的启示。

EPIP 是一种探索，是结合中国职业院校办学实践、教育教学实践、改革创新实践和理论创新实践，举旗以彰理，举中国特色之旗，彰中国职业教育之理；落地以取效，落中国教育之地，取中国高质量发展之效。EPIP，是中国职业教育在模式、话语、标识、体系领域的探索。

EPIP 的宗旨是，知行合一。

EPIP，改造我们的学习，让学习更有效！

第四篇

EPIP的课程论

职业学校之课程，应以一事之始终为一课。每课有学理，有实习，二者联络无间，然后完一课即成一事。

——陶行知

光明日报有篇文章，叫《在“江村”，读费孝通》。说的是，在江苏省苏州市吴江区的开弦弓村，也就是费孝通笔下的“江村”，建有费孝通“江村”纪念馆。《江村经济》，是费孝通1938年用英文写就的博士论文，1985年首次翻译成中文。直至今天，它依然是一本“活”的书。

吴峰雪是同济大学博士生，她去江村多少次了？数不清。《江村经济》读了多少遍？数不清。她觉得，这本书写得翔实、诚实、朴实！翔实，就是观察细致，记录完备；诚实，是反映实情，不玩虚招，研究的是真问题；朴实，关乎文风，清晰晓白的文字，让人读得懂！

中国人民大学博士王莎莎说：费老二十多次访江村，都是到农户家里，去听、去看、去感受，观察生活细节，搜集第一手材料。如碰巧有人家办婚事，他要去看看新房里有什么摆设，添置了哪些物件，人们的穿着如何，婚宴上有哪些菜肴。在这个基础上，来认识农民生活的变化，再进行比较、提炼和升华，形成理论观点。

费孝通不喜欢把大家请到会议室来，而是坐到农户家里，在具体的“环境”中跟人聊天。既能“具体”下去，又能“抽象”上来，这是费孝通的一个真功夫。

费孝通的真功夫，用EPIP视角看，就是善于将写作对象“工程化”！“工程化”强调“在”，是“治学”“论著”实化具化的所处所在，是真真实实的“扎根”，实实在在的“实际”。通过思考、比较、提炼和升华，不断地“回象”与“营造”，进而生成“合谛”境界。以名举实，名实耦合，知行合一，才有《江村经济》一本经久不衰、学以致用的“活”书。

一、EPIP课程资源

2010 年，为落实教育部“加强高等职业院校内涵建设”要求，EPIP 创立者结合制（修）订“全国高等职业教育专业教学基本要求”需要，牵头组织启动了“工程实践创新项目（EPIP）”建设计划。

计划主要包括：

①组建工程实践创新项目（EPIP）工作组；

②制定工程实践创新项目（EPIP）建设标准；

③遴选工程实践创新项目（EPIP）支撑平台；

④创建全国性工程实践创新项目（EPIP）基地；

⑤开发工程实践创新项目（EPIP）教学资源；

⑥实施工程实践创新项目（EPIP）师资培训；

⑦推介工程实践创新项目（EPIP）教学方案；

⑧设计工程实践创新项目（EPIP）赛项。

实施过程中，上海未来伙伴、天津启诚伟业科技有限公司作为行业企业牵头组织方，教育部原高等学校高职高专自动化技术类专业教学指导委员会专业建设组专家、课程建设组教师作为项目实施核心成员，三菱电机自动化（中国）、美国国家仪器（中国）、德国西门子（中国）等作为该计划的重要合作参与方，共同为该计划提供了实施支撑平台。

通过 EPIP 激活了“能力源”创新课程套件 (以下简称创新课程套件), 使其成为众多高等学校、职业院校和中小学广泛采用的教学实验、实训设备。不同层次、不同类型的院校结合各自的需要，将其用作专业基础课程、专业技术课程、劳动技术课程、综合实践课程、创新实践课程和课外社团活动、专业兴趣小组的教学载体。10 余年来，创新课程套件已经走出国门，成为国外院校开展专项教学的有效载体，也成为“鲁班工坊”项目建设的一道亮丽风景线。

2012 年 6 月 , 在天津举办的“2012 全国职业院校技能大赛”中，创新课程套件成为“自动化工程实践创新项目（EPIP）教育国际研讨会”的研讨主线；同时，也被指定为“自动化工程实践创新项目（EPIP）国际挑战赛”的竞赛装备，得到各国参赛队师生的一致好评。

2012 年 9 月，在南宁举办的首届中国—东盟职教论坛中，创新课程套件的 EPIP 教学应用及教学资源受到各国教育部门领导、教育专家、院校同行的高度好评。马来西亚选手 MUHAMAD SUFIAN BIN JAAFAR 和 MOHAMMAD YAZID BIN ABDULRAHIM 组成的代表队，利用创新课程套件制作的作品获得一等奖。

围绕创新课程套件的教学应用，EPIP 创立者带领由骨干教师与企业工程技术人员组成的团队，开发 EPIP 课程资源。开发团队从实际工程入手，让学生在了解、学习真实工程项目的基础上，提炼出真实工程项目中的相关技术，以创新课程套件为载体，通过与真实工程项目的实际比对，自主搭建高仿真型实体，并通过软件编程系统实现高仿真型工程项目的系统设计、结构搭建、线路连接、运行调试和故障诊断。

EPIP创立者及团队，运用EPIP开发了多项综合实训教学装备，相继出版《自动化生产线安装与调试》《楼宇智能化系统安装与调试》《数控机床安装与调试》《机器人应用技术》《智能电梯装调与维护》《工业机械手与智能视觉系统应用》《现代电气控制系统安装与调试》等EPIP系列规划教材。

《工程实践创新项目教程》于2012年出版，以“项目引导”“项目开篇”“项目备战”“项目实战”“项目决战”“项目挑战”的结构编排，采用从真实工程相关知识介绍，到工程实践，再到实践创新的项目式单元的编写思路，由浅入深、由感性到理性，让教学者和学习者了解、体验工程实践创新项目（EPIP）的教学方式与学习方式，丰富学习者的工程实践知识、经验，提升技术应用能力和实践创新能力，拓宽学习者的专业视野，内化并形成良好的职业素养。

这套课程资源，强化了实际工程的“真度”、技术应用的“深度”、创新空间的“广度”、学习资源的“厚度”、软硬结合的“密度”、虚拟仿真的“效度”，教学过程的“乐度”和全面培养的“适度”，全方位展示了在自动化类专业的课程领域，实施 EPIP 的教学流程、教学方式和应用范式，为 EPIP 课程论的教学应用与成果推广作了有益的探索。

这套课程资源，由彩色纸质教材、多媒体光盘、网络教学资源、创新课程套件四部分组成。多媒体光盘中按照每个项目单元的布局结构，包括了技术体验视频、相关竞赛视频、案例搭建视频、教学场景视频、运行仿真视频、机械结构分解图、工程案例资料以及软件编程工具、典型案例程序、教学预制课件、教学教案参考、实物工具图库、实物文档照片等，为“教”和“学”提供了生动、直观、立体的教学资源。

《工程实践创新项目教程（英文版）》于 2013 年出版。自 2016 年起，这套课程资源在泰国鲁班工坊、印尼鲁班工坊、巴基斯坦鲁班工坊、柬埔寨鲁班工坊、葡萄牙鲁班工坊、埃及鲁班工坊等国际合作项目中得到广泛应用，已经成为各层次、各专业教师与学生有效了解 EPIP 的入门资源；同时，创新课程套件也已经成为各层次、各专业教师与学生运用 EPIP 实施课程教学的有效载体。

2023 年，《工程实践创新项目教程（第二版）》出版，将第六篇“项目挑战”，调整为“项目拓展”。运用 EPIP 教学模式，针对 2022 年首届世界职业院校技能大赛进行的赛制设计、赛项设计和两个典型赛项进行了重点介绍。

这套课程资源，在“项目实战”篇目中包括了六个典型项目：自动门、智能电梯、AGV 小车、数控机床、工业机械手、自动化仓储系统。

二、“自动门”课程

在此，我们借助《工程实践创新项目教程》，以“自动门”项目实战为例，进行较为深入的讲解，力求能够形象地说明 EPIP 课程论的教学应用。

1. 自动门的“工程化”

【引子】

在我们欲进入商场、宾馆、办公楼或银行，来到大门前，宽大的玻璃门会自动为我们打开；走进大门后，玻璃门又会自动关闭。这是“谁”，在为我们服务？

【自动门“缘起”工程化】

“最早的自动门，可以追溯到公元 1 世纪。当时，有一个希腊人，叫希罗，他建造了以气压和液压为动力自动打开庙门的装置（教程中有装置图示），整个过程为：祭坛点火使空气膨胀，水流入，利用水的重量使轴转动，将门打开。祭坛灭火，水回流，轴在重锤的作用下反向转动，门即可自动关闭。”这一段落的描述，用古代的真实工程、现实生活的“实谛”境界，开启了自动门的工程化。

【自动门“现实”工程化】

“现代的自动门，起源于20世纪30年代。当时，自动门主要用于军事仓库和重要工厂。20世纪50年代后，自动门的应用才日渐广泛。现在，自动门已经随处可见了，银行、宾馆、住宅小区、企业的大门（教程中有各种图示说明）都在使用。”这一段落的描述，从古代引入到当代，用当代的真实工程、现实生活的“实谛”境界，为自动门的工程化铺路。

下面，进入一个一个的小任务，也可以说是小项目，还是进一步对“自动门”工程化。工程化的维度不同。希望读者能够按顺序坚持读下去。内容不需要完全读懂。只要读下去，就会对EPIP有更形象、更感性的理解。这种理解，是别人无法代替的，也是别人无法言喻的，有“一通百通”之效。

【任务一】了解生活中的“自动门”

任务目标是认识自动门，并了解典型自动门的应用，能说出自动门的分类。

玻璃平移自动门，透明度高，结构简洁，豪华气派，多用于宾馆、银行、办公楼等场所（教程中有相关图示说明）；

玻璃旋转自动门，主要用于大型的商场、宾馆、办公楼或银行等人流量较大的建筑物，是最美观、最经济实用的自动门，其结构坚固耐用，操作方便简单，具备通行能力强，入口较大，是非常安全和舒适的通道，行人出入方便（教程中有相关图示说明）；

医用自动门，多用于医院、手术室、净化车间、实验室等场所，动力梁为铝合金导轨，传动结构可靠，并采用微机控制系统，运行平稳、性能优越，当关闭时门体与门框可靠贴合，保证门的气密性能，医用自动门的开关可以选用专用的非触摸式手感开关或脚踏开关，方便医护人员开关门（教程中有相关图示和视频说明）；

庭院自动门，适用于别墅私家花园、别墅庭院或别墅入户车库等场所，通过遥控操作方便实现门的开关，门体可停在任一指定位置（教程中有相关图示和视频说明）；

车间自动门，用于工厂车间等需要进行隔断的场合，当有运输小车通过时，门自动打开，运输小车通过后，门自动关闭（教程中有相关图示和视频说明）；

智能道闸机，具有多项功能，是集机、光、电等最新现代科技于一体的智能化通道控制设备，其功能全面、性能超强、高度可靠，广泛适用于高速公路收费站、商业性停车场、高档小区、厂区、仓库等交通持续性繁忙且必须加以管理的场合（教程中有相关图示和视频说明）……

由上一段落的描述，我们来回忆一下，EPIP 的“学而知其用，用而知其所”，是“自动门”工程化的深化。

【任务二】“自动门”的结构与组成

任务目标是了解典型自动门的结构和常用部件，熟知日常见到的自动门的基本组成。

通过系列图示和现场视频，了解一个平移自动门的结构解剖图，要求可以清晰地看到自动门的各个部件：控制器、电动机（又称动力马达）、同步带、门扇吊具走轮系统、门扇行进轨道等。依次继续了解其他类型自动门的结构解剖图，要求能够清晰地看到自动门的各个部件和运动状况。

由上一段落的表述，静静地想，EPIP 的“学而知其用，用而知其所，所而知其在”，EPIP 使我们深入，或叫“下探”到“在”的层面，是从“自动门”所含技术维度进行工程化，是“自动门”的工程化再深化，是对自动门的“实谛”境界透彻、透底、透视的理解。

【任务三】了解“自动门”相关技术

任务目标是了解典型自动门中传感器技术的应用，了解典型自动门中驱动器技术的应用，了解典型自动门中控制器技术的应用。

当感应探测器（传感器）探测到需要开门或者关门时，将信号传给主控制器，主控制器控制电动机以合适的速度运行，电动机将动力传给同步带，再由同步带将动力传给吊具系统使门扇开启或关闭。可以说，自动门是集传感技术、驱动技术、控制技术为一体的机电一体化产品。

自动门常用的传感器有：行程开关、光电开关、红外传感器、视觉传感器四种。行程开关又称限位开关（教程中有相关图示和视频说明），它主要用于控制机械设备的行程及限位保护。在生产中，将行程开关安装在预先指定的位置，当机械运动部件上的模块撞击行程开关时，行程开关的触点做出动作，实现电路的切换……

自动门的驱动装置，由电动机和减速器或电动机和液压系统组成，按照设定的指令程序工作，带动门体开、关。从驱动装置（教程中有相关图表和视频说明）到门体的运动，中间要有传动机构，减速器是传动机构的一部分……

主控制器，通常采用 PLC（教程中有图示说明）作为自动门的控制器，PLC 具有抗干扰能力强，可靠性高，控制系统结构简单，通用性强，编程方便，易于实现的优点，常用的 PLC 品牌有三菱、西门子等；也可以采用专用控制器（教程中有图示说明），一般是 32 位数字信号处理器（DSP）作为控制中枢，外围结合性能优越的通信、数字解码技术，使自动门在性能、可靠性等方面都大大提高……

《工程实践创新项目教程》的每一个任务之后，都设计了“知识、技术归纳”和“工程创新素质培养”项目。

在【任务三】之后，有“知识、技术归纳”：感应探测器（传感器）负责采集外部信号，如同人的眼睛，当有移动的物体进入它的“视觉范围”时，它就给主控制器一个脉冲信号……

在【任务三】之后，有“工程创新素质培养”：上网查查资料或到市场上进行调研，看看自动门使用了哪些控制器？各有什么优缺点？通过远红外、指纹等技术来识别人的身份，实现根据人的权限控制自动门的开启和关闭，分析一下，可能会用到什么样的技术？

上一大段落的描述之后，还是回想一下，EPIP的“学而知其用，用而知其所，所而知其在”，此次讲的“主体”，不再是“自动门”，而是我们学习的各种技术（传感技术、驱动技术、控制技术）。对于所学的技术，也要做到“学而知其用，用而知其所，所而知其在”。EPIP，又一次使我们“下探”，“下探”到技术应用的“所”和“在”，是“所学技术”的“工程化”，是对“自动门”领域中各种技术应用的“实谛”境界透彻、透底、透视的理解。

2．自动门的“实践性”

让我们再来说一说，下一个小任务，即任务四。

【任务四】构建“自动门”系统

任务目标是掌握“自动门”的结构与组成，能够动手搭建自动门，分析自动门检测系统和控制系统，使用软件为自动门编程和调试。

这个任务是这样开始表述的：

师傅（教程中的一个专用“角色”）接到了一个自动门的设计项目，是最为简单的“平移自动门”，这个任务交给你了，你先用创新课程套件进行仿真搭建。要求是：选择合适的自动门类型，完成自动门设计。要求自动门控制系统检测到开门命令时开门，检测到关门命令时关门，并且用三种颜色的灯，分别表示“关闭状态禁止通行”、“运动状态注意安全”和“打开状态可以通行”。接下来是“方案设计”“材料准备”“动手搭建”“程序编制”“调试记录”……

最后，完成了第一个完整的项目“平移自动门”搭建、调试、运行。

上一大段落的表述，体现了经过“自动门”与“所用技术”的“工程化”，教师与学生共同来完成一个真实任务（搭建平移自动门），方案设计过程中，他们要反复比对真实工程、现实生活中的“自动门”，反复“回象”所用技术的用、所、在，并在进行材料准备、动手搭建、程序编制、调试记录过程中同样如此；此一系列活动，也是知技协进、德技并修、全面培养的过程，需要将所学知识、技术、素养多维度、多方式、多层次绞合使用，其中的创新维度和实践空间同样很多。

3．自动门的“创新型”

项目实战“自动门”的结尾还有两个内容：项目小结和项目拓展。在此，我们说一说“项目拓展”：

①可以增加自动门的宽度，采用两扇平移门吗？

②可以增加报警功能吗？例如当门开启时间超过 1 min，黄灯闪烁进行报警。

③门在闭合过程中，如检测到有人要进入或出去时，自动门能立即停止闭合吗？

④自动门能不能进行计数，统计通过门的人数？

⑤能进一步分别统计进门和出门的人数吗？

这是非常“精彩”的项目拓展，想一想，练一练的过程，就是“实谛”境界与“名谛”境界的不断耦合、圆融和升华，而达到“合谛”境界的生成，实现“衍”的过程。它已经不再是搭建一个简单的“平移自动门”了，现在要求搭建的自动门甚至比我们日常所见还要先进、智能、多元。此时，即使我们是在真实的自动门上学习、训练，也是完成不了上述“项目拓展”要求的。“创新课程套件”完全能够完成，而且，还可以更丰富！这就是源于真实，高于真实！

我们已经知道，“衍”源自“学”“用”“所”“在”；是对“代”，也就是“我们动手搭建的自动门”的深刻把握；对“原”，也就是真实工程、现实生活中的真实“自动门”和“所用技术”的透彻理解；是通过反复回象真实、不断比对虚实、时时演进假真、步步圆融名实的合境界生成过程。

我们也知道，很多情况是在名词概念（自动门、传感技术等）、高度仿真（搭建或者使用教学仪器装备）、虚拟情境（学习情境）下具体的学习，它是一个代替真实世界的对象、情境、载体、项目、装备，是一种“代”；教学中，教师应该让学生始终知道这个“代”是什么，这个概念、这个情境、这个载体、这个项目、这个装备代替什么，而且，要不停不断地“回象”到真实、“回象”到现实。也可以说，正是因为我们营造了、使用了这个并非纯真实的概念、情境、载体、项目、装备，我们的心中、脑中有“衍”，形成了合境界，我们才可以去探索、去尝试源于真实、高于真实更加丰富的工程实践，去体会丰富多彩的工程实践创新乐趣。

我们应该知道，实境界、名境界与合境界，是理解 EPIP 精髓的重要途径。合境界的生成，是工程实践创新项目（EPIP）的灵魂、主旨，是 EPIP“工程化”的升华，是 EPIP“创新型”的源脉。

4. 自动门的“项目式”

此处不再赘述，上述过程和内容，已经清楚地表达了。

需要思考的，我们的教育教学，时常是片段的、割裂的、不完整的。学生在学知识和技能的过程中，要注重培养关键能力，教师要注重全过程的整体教学。

关键能力培养，应该是项目式的。在一个一个的项目中，培养学生认知能力，独立思考、逻辑推理、语言表达、信息加工、文字运用；培养学生合作能力，自我管理，与他人合作；培养学生创新能力，激发学生的好奇心、想象力和创新思维，鼓励学生勇于探索、大胆尝试、创新创造；培养学生职业能力，引导学生适应社会需求，爱岗敬业、精益求精，动手实践和解决问题。每门课程、每项活动要力求体现完整、体现过程、体现全面，教师与学生（团队）不停地“做”一件一件完整的事情，教师在一件一件完整的项目上“教”，学生在一件一件完整的项目上“学”。

需要强调的，EPIP 是要激活现有，激活当下职业院校人才培养的诸要素。它不是颠覆现有，而是激活现有。教学中，任何一个概念、情境、载体、项目、装备，都可以通过 EPIP 激活，让它与生活生产结合，与经济社会结合，与人的全面发展结合。

三、“智能电梯”课程

在此，我们继续借助《工程实践创新项目教程》，以“智能电梯”项目实战进行讲解。

1．智能电梯的“工程化”

很久以前，人们就开始使用原始的升降工具来运送人和货物，并大多采用人力或者畜力作为驱动力（教程中有相关图示和视频说明），到19世纪初，随着工业革命进程的发展，蒸汽机成为了重要的源动力，在欧美开始使用蒸汽机作为升降工具的动力（教程中有相关图片说明），并不断地得到创新和改进。

1852年，美国纽约扬克斯镇（Yonkers，现康涅狄格州法明顿）的机械工程师奥的斯先生（Elisha Graves Otis）在一次展览会上，向大众展示了他的发明，从此宣告电梯的诞生！

电梯问世已经有100多年了，由最早的简陋、不安全、不舒适的升降机到今天，经历了无数次改进和提高，其技术发展是永无止境的。21世纪，随着人口数量与可利用土地面积之间的矛盾进一步激化，将会大力发展多用途、全功能的高层塔式建筑，超高速电梯继续成为研究方向。电梯行业前景光明，中国作为最大的电梯市场可能还要维持相当长的时期。

上述这种描述，以及通过图片、视频的表述，将电梯的“工程化”

缘起、情境拉到我们的面前。

【任务一】了解智能电梯

任务目标是了解智能电梯的历史和发展现状，列举智能电梯的分类，并能对生活中常见智能电梯归类，熟知常见电梯型号参数的含义。

……

智能电梯可以从不同的角度进行分类：按用途分类，智能电梯可以分为以下九种类型，包括乘客电梯、载货电梯、医用电梯、杂物电梯、观光电梯、车辆电梯、船舶电梯、建筑施工电梯和特殊用途的电梯。各种电梯特点，在教程中分别用图示和表格列出，教程提供的光盘中有大量的视频信息。按照驱动方式分类，可以分为交流电梯、直流电梯、液压电梯、齿轮齿条电梯、螺杆式电梯……

了解世界电梯品牌，用数据和图表分析品牌特性：

OTIS（奥的斯），绿色发展的先行者。奥的斯是世界上最大的电梯公司之一，150 多年来，奥的斯一直致力于研究、开发、制造、安装、维修、保养、更新改造电梯、扶梯、自动人行道等运输系统。目前，奥的斯电梯在 200 多个国家和地区运转着。奥的斯强调绿色发展，其新型电梯能源再生技术将曳引机发出来的电能，通过奥的斯最新研究发明的能源再生系统反馈回大楼配电柜，供大楼内其他电器使用。有人说：奥的斯电梯能“发电”和“造能”。

……

在【任务一】之后，有“工程创新素质培养”：上网看看还有哪些有趣的智能电梯吧！上海经贸大厦拥有世界上先进的电梯系统，上网查查上海经贸大厦电梯的类别，按照不同的分类标准分别属于哪个分类？

【任务二】电梯的结构与组成

任务目标是列举电梯的四大空间组成和八大结构组成，清晰理解智能电梯各部分的功能。

电梯是机电一体化产品，其机械部分好比人的躯体，电气部分相当于人的神经，控制部分相当于人的大脑，机械部分和电气部分通过控制部分得以调度、协同，使电梯可靠运行。

【任务三】了解“智能电梯”相关技术

任务目标是讲清楚智能电梯的各部分的相关技术，用自己的理解，讲解智能电梯的常见调度算法，电梯结构的八大模块，每个模块的核心技术应用。

2．智能电梯的“实践性”

【任务四】构建“智能电梯”

任务目标是掌握智能电梯的结构与组成，掌握智能电梯检测系统和控制系统，掌握智能电梯软件编程与调试。

这个任务是这样表述的：师傅（教程中的一个专用“角色”）说，学习了这么多智能电梯知识，想必你已经手痒痒了，给你个任务吧。考验一下，你到底掌握了多少智能电梯的知识。要求用创新课程套件，仿真搭建一个电梯，模拟一个三层楼房的电梯系统，每层都可以实现“呼唤”服务，且电梯到达楼层时要有亮灯信号。接下来是“方案设计”“材料准备”“动手搭建”“程序编制”“调试记录”……

最后，完成了第一个完整的项目“三层电梯”搭建、编程、调试、运行。

上述的四个任务，描述了“智能电梯”概念名称、产品型号、知名厂家与“所用技术”多维度的“工程化”，教师与学生共同完成一个真实任务（三层电梯的搭建、编程、调试、运行），方案设计中他们要反复比对真实工程、现实生活中的“智能电梯”，反复“回象”各种概念名称、产品型号、知名厂家与“所用技术”的“用”“所”“在”，在材料准备、动手搭建、程序编制、调试记录过程中同样如此；此一系列活动，是知技协进、德技并修、全面培养的过程，需要将所学知识、技术、素养多维度、多方式、多层次统合使用，其中的创新维度和实践空间同样很多。

3．智能电梯的“创新型”

项目实战“智能电梯”的结尾也是有两个内容：项目小结和项目拓展。在此，我们再说一说“项目拓展”。

第一个项目拓展：

①做一个四层的电梯。

②在轿厢内增加选层器。

③在轿厢的顶部加一个灯,有人的时候灯亮,无人的时候灯灭。

④除一层和最高层外，每层多增加一个按钮，使其具有上行和下行的选择功能。

第二个项目拓展：

①现在的电梯只有一个轿厢，即使楼层很低也无法及时响应所有的服务申请，你还有什么对策吗?

②可以选择并联控制，一个智能电梯系统含多个井道和轿厢，做一个四层、三井道、三轿厢的智能电梯如何?

③综合尝试最优算法，让电梯无论是内申请，还是外申请，都能够最及时满足。

这也是非常“绝妙”的项目拓展,想一想,练一练的过程,是“实谛”境界与“名谛”境界的耦合、圆融和升华，达到“合谛”境界的生成,实现“衍”的过程。它不再是搭建一个“三层电梯”了，而是要搭建“四层电梯”“联控电梯”“多元智能电梯”，比我们日常所见的电梯更智能、更绿色、更环保。这套课程资源和“创新课程套件”完成了源于真实，高于真实的华丽转身。

我们再次明确，“衍”源自“学”“用”“所”“在”；它是对“代”，也就是“我们动手搭建的智能电梯”的深刻把握；对“原”，也就是真实世界、现实生活中的真实“电梯”概念名称、产品型号、知名厂家与“所用技术”的透彻理解，是通过反复回象真实、不断比对虚实、时时演进虚实、步步圆融虚实的“合境界”生成过程。

4．智能电梯的“项目式”

EPIP 的运用，对于教师，就是要为学生寻找、营造适合的工程目标和工程环境（智能电梯），在工程目标和工程环境下“一个一个项目”地培养学生，实施教学做一体，知技素协进，教会学生学，教会学生做。EPIP 的运用，对于学生，就是要了解工程，掌握工程，养成工程思维和工程素养，在教学做的“一个一个项目”中，学会学习，学会做事，学会创新。

EPIP，需要建立一个一个从简单工程（三层电梯）到复杂工程（四层电梯、联控电梯、多元智能电梯）的情境和载体，完整、真实地培养学生的自主学习能力、问题观察能力、问题分析能力和问题解决能力。

四、商贸综合实践项目

现在，让我们体会另一类专业，商贸类专业的课程改革，从中去体悟 EPIP 的运用。我们的讲述方法,也区别于上述两种项目。

VBSE 商务综合实践教学（以下简称 VBSE），是虚拟商业社会环境的英文首字母的缩写，即 Virtual Business Society Environment。用友新道以“把企业搬进校园”为理念，以制造企业典型业务为主线，以商贸企业的各岗位技能培养为目标，为学生提供高仿真的企业工作环境、业务流程、业务数据，让学生通过真实任务驱动、真实角色扮演等方式演练，理解企业生产经营业务、人力资源、采购物流与财务处理之间的流程关系，掌握各岗位技术技能，熟悉各岗位之间的协同关系，以及企业各部门与商业社会环境中各组织间的工作关系，并通过信息化的训练让学生感知信息化处理流程与手工处理流程的差异，认知信息时代的商贸流程。

1．VBSE **到底是什么**？

商贸类职业院校开了一门课，学生莫名其妙地去上，莫名其妙地去听，却不知道课程到底是干什么的……

学过 VBSE 的学生，在职场上只要用心了，就能发现，原来学校的课程就是为他们奠定基础。这就是学校的一流课程，是

EPIP课程。相对于真实的职场，学生通过VBSE课程经历得更多，体验得更全，涉及得更细，这是有效的学习。

通过这种综合实训课程，使学生循序渐进地感知、认知企业业务工作内容及职责要求，在熟悉岗位常用表单的作用及填制方法的基础上，达到结合实际业务，理解业务流程和岗位的业务策略，整合知识，内化能力，帮助学生成为“知岗位、懂业务、熟工具、擅沟通、强实战”的复合型人才。

通过真实角色扮演完成业务处理，建立学生的岗位认知，通过企业财务核算相关表单的填报，了解财务核算内在业务逻辑关系，让学生理解在企业中业务如何驱动财务，并能利用信息化软件处理财务核算工作，让学生在企业仿真工作的情境下，通过团队协作与沟通共同完成本公司业务，从而提高学生综合职业素养。帮助学生在企业财务制度和国家财务法规及政策的指引下，完成财务业务处理。

2．真实角色扮演

VBSE中，要经过竞职演讲，学生主要说的是自己在之前做过什么活动，担任过何种角色，自己的优势，竞选上岗带领成员走向富强之路。

接着就是由CEO选择人事经理，而人事经理开始招聘团队，搭建班子。当然,学生扮演的角色必须知道自己的企业有哪些岗位,岗位需求是什么,做一份招聘海报,要制定企业的LOGO,企业的理念,进行企业初步的文化建设。要展示海报,还要介绍设计原理。

制造业作为人员编制最大的企业,当然,要招聘的人也好多。主要的岗位有:

各个职能部门中的总经理,行政助理;人力资源经理,经理助理;市场营销经理,销售专员,市场专员;采购部经理,采购员;仓储部经理,仓管员;生产计划部经理,车间管理员,生产计划员……

可以分为12人一组,即一个公司或部门。行政助理主要就是管理办公用品的;人力资源经理先从出纳那边领借款单,然后填好借款单并签字,找部门经理审核签字,再找财务部经理审核签字,最后到出纳处领钱才算完成领钱。

生产计划经理编制生产计划表和派工单,交设备维护费,就是各种签字,采购单、领料单、完工单等单据都需要生产计划经理的签字。

商贸类各专业综合实训都可以利用VBSE面向职业院校学生实施综合实践项目教学。课程通过对不同形态组织典型特征的抽取,营造一个虚拟的商业社会环境,让实训者在虚拟的市场环境、商务环境、政务环境和公共服务环境中,根据现实岗位工作内容、管理流程、业务单据，结合与教学目标适配的业务规则，将经营模拟与现实工作接轨，进行仿真经营和业务运作。

3. VBSE 的“四元”

在职业教育中，更多实践教学环境代替传统教室已成为不争的事实和趋势。“把企业搬进校园”，即聚焦大商贸类专业院校共建实训基地，把企业厂房设备用虚拟技术实现，把真实企业业务流程、数据、案例和岗位职责、岗位设置用仿真技术实现，将这些场景和企业训练员工的模式搬到校园，解决校内实习实训问题。让过去经管专业从没有实践到有实践，从实践弱到实践强，让学生学真本事，到企业就业时能顺利上岗，缩短企业的再培养周期，降低企业再培养成本，实现“上学即上班”，“校内实训＝校外实习”。

创业能力的提升是解决就业的重要途径，VBSE 旨在聚焦学生的创业动机激发、创业关键动作训练、商业运作能力提升，同时也会依托仿真环境，组织开展经管类专业全国性学生赛事，在有限时间内快速实现职业院校创新创业教育普及与升级。在这里，见证了“虚拟商业社会环境 VBSE”原来不需要传统教材，在系统中向一位学生推送一个任务，就自动出现相应讲义和知识点；在这里，体验了“行动学习”和“世界咖啡”的教学方法；在这里，感知了企业的工作状态及真实的项目运作；在这里，走出去的老师，自信地成为“进过企业,做过项目,接着地气”的技术技能型导师。

VBSE,充分体现了EPIP的工程化、实践性、创新型、项目式。VBSE，营造了虚拟商业社会环境，但这个环境源于真实，高于真实。师生可以在这个“名谛”境界里纵横驰骋,天马行空地体验衍生、变化、升华；在真实的制造类企业中，不可能有机会让学生去从事真实的岗位角色，从事真实的工作内容，从事真实的业务流程改造……

VBSE，通过在校园内搭建虚拟商业社会环境，模拟企业中的真实场景，设置企业运作的职能部门、岗位、流程、系统、案例，大量仿真货币、产品、账簿、营业执照、公章等，在实践过程中严格遵守企业相关规定，使学生自主选择工作岗位，体验真实的工作环境，进而提高学生学习兴趣和专业技能，为以后在工作中的实际操作打下基础。

这就是EPIP的商贸综合实践项目。

五、再话“课程改革”

课程改革是教育改革的核心。

新时代新征程上，中国特色课程论的建构需要坚定发展方向，回应实践渴望，调整发展范式，注重建设体系，要在根本路径、实践路径、方法路径和理论路径上着力，构建系统的课程论话语解释体系。

EPIP 正是从中国教学实践中来，再到中国教学实践中去，结合中国职业教育实际创立的一种教学模式。

1. 课程改革的基本判断

中国职业教育已经走过了从知识本位向能力本位转变。职业院校在课程改革中，也基本完成了向专项（核心）技术技能培养转变。可以说，能力本位“落地有声”了，实现了专业建设、课程改革从标准规范、资源供给、条件保障等方面的整体规划建设，以支撑专项（核心）技术技能的“教”与“学”。

近年来，在注重了专项（核心）技术技能培养培训之后，又在营造专业综合实训环境，把各个专项技术技能在一个综合环境下进行应用。全国职业院校技能大赛、世界职业院校技能大赛，就是在引导和引领这种专业建设和课程改革。这期间的教学改革，突出体现了教学实践载体的力量。2014 年，运用 EPIP 教学模式“开发技能赛项与教学资源，推进高职机电类专业综合实训教学的改革与实践”，获得国家级教学成果“特等奖”。

2. 课程论本质思考

中国的教育不仅要面向现代化，面向世界，面向未来，更应该保有虔诚之心，回望来路。回过头来，重温我们自己的教育传统，重温 20 世纪自己的教育哲人，进行更彻底的思考。

（1）“完整”与“真实”

陶行知强调，新的教育应当与民众亲近，与自然万物亲近，要培养创造力和动手能力。黄炎培倡导，办职业教育必须联络和沟通所有教育界和职业界，参与全社会的活动和发展。中国最需要解决的是教育与生活、学校与社会、理论与实践相脱节的问题。最好的课堂，并不一定在学校、在教室，而是在校外、在生活里。

课程改革的唯一目标是让课程“活”起来。

EPIP 的真逻辑，是让学生完整地学，让教师完整地教，让项目完整地做，让教育教学完整；是在真上学，在真上教，在真上做，让教育教学真实。

（2）“工程”与“真实”

90 多年前，黄炎培认为，中国的教育“乃纯乎为纸面上之教育”。陶行知与晓庄学校师生一起盖校舍、建厨房、挖厕所……他的生活教育、晓庄精神，归结为一个字，就是：“做”！

EPIP 的应用，对于教师，是为学生寻找、营造适合的工程目标和工程环境（真实世界、现实生活），在工程目标和工程环境下培养学生，实施教学做一体，教会学生学；对于学生，是要了解工程，掌握工程技术、构造、流程、工艺、文化，养成工程思维和工程素养，在教学做的工程实践项目中，学会学习，学会应用，学会创新。

我们现实中的教育，时常是分离的、割裂的。重教轻学，重“教法”轻“学法”，更轻视“做法”。我们过分偏重于直接而又简单地培养技术、训练技能，教师和学生只识“假”而不识其“真”，只知“概念名词”而不知其“名实相耦”，只会“技”而不知其“用”，“封闭性训练”代替了“工程化实践”，“片段采集”冲淡“全程完整”，忽视了真实世界、现实生活里的“做事”。

EPIP，需要建立一个一个从简单工程到复杂工程的情境和载体，完整、真实地培养学生的自主学习能力、观察问题能力、分析问题能力和解决问题能力。

EPIP 的“工程”，是真实世界与现实生活中的实事、实物、实情、实况。EPIP 的“工程化”，是生活化，生产化，现实化，社会化。

第五篇

EPIP的专业论

盖今世商战、工战，无非学战。

——黄炎培

“职业”是职业教育的核心概念。

黄炎培认为，“职业”一名词，包含对己谋生与对群服务，实是一物两面；职业外适于社会分工制度之需要，内应天生人类不齐才性之特征，不仅要求供需相济，而且要求才性相近，才能使事得人，使人得事，使百业效能赖以增进，并使人获得职业的乐趣。

广泛使用的“职业”，是指人在社会中所从事的为社会服务的，并作为个人和家庭主要生活来源的工作。从社会学看，职业是个体社会生存的载体，职业是社会分工的表述。社会的职业，是用于就业谋生的职业；而教育的职业，是用于教育教学的职业。

“专业”是职业教育的核心。

职业教育的“专业”是对社会职业群、岗位群所需的共同知识、技能和能力的科学编码。教育部高职专科专业目录中，分为专业大类、专业类、专业三个层级。专业大类一般面向产业领域。在专业类中，一个专业之所以能够成为一个专业，是因为这个专业有着与其他专业不同的本质属性，也就是区别于其他专业的固有属性。专业建设，一般指专业或专业群（在一个专业类中的相关专业集合）建设。

一、专业的固有属性

专业的固有属性是什么?

专业的固有属性是专业“核心技术技能”。EPIP 创立者于 2000 年首次提出专业的“核心技术技能”概念，经过实践探索与理论研究,确认专业的固有属性(根本属性)是专业核心技术技能。企业招聘毕业生，主要关注的是学生在专业学习中学到的独特技术、掌握的专门技能。而职业院校顶岗实习的质量高低、毕业生就业的对口率高低，其主要标度是顶岗实习、就业岗位与专业核心技术技能的符合度、契合度。

EPIP 专业建设，抓住了专业核心技术技能这一主线，开设什么样的课程，课程开的深浅、宽窄，理论知识、技术技能和职业素养如何进行综合训练就有了依据。

EPIP，从应用层面上讲，包含有“五观”，中观对应 EPIP 专业论；从基本元素上讲，EPIP 有四个组成元素，即工程化、实践性、创新型和项目式。EPIP 是以实际工程为背景和基础，以工程实践为导向和贯穿，以能力培养为目标和归依，强化工程实践，强化实践创新，强化项目统领的教学模式。它是职业教育理论的具体化，更是职业教育实践的系统化。

EPIP 专业建设，采用“核心技术一体化”建设模式。通过课程设置、教学环境、顶岗实习、职业资格（能力等级）与专业核心技术的“四个一体化”实施专业建设。

二、EPIP专业建设演进

“核心技术一体化”专业建设，是 EPIP 创立者原创性提出，并于 2002 年在《职教论坛》公开发表论文“‘核心技术一体化’的探索”，阐释其基本概念与应用。

1．专业建设模式初创

20 世纪 90 年代后期，EPIP 创立者依据这种专业建设模式率先在“电气自动化技术”“机电一体化技术”等专业中进行试验性应用，分别从试验专业的理论与实践教学体系构建、课程结构构建、实践基地构建、教材资源建设、培养模式建设、教学组织建设等方面，进行了设计、实践、研讨、反思、提炼，再设计、再实践的循环过程。

这一试验过程，不同阶段呈现出思考与检验的节点。

——针对该种专业建设，提出了“相互平行、融合交叉的理论和实践教学体系”构建方法。

——针对该种专业建设，提出了专业课程体系的“四层两段一贯穿”结构模式。

——针对该种专业建设，提出了职业教育实训基地建设的新思路。

——针对该种专业建设，提出了教材资源建设的新思路。

——借鉴德国、新加坡等国技术技能人才培养和专业建设，进一步完善该种专业建设模式的框架。

——针对该种专业建设，提出了专业核心技术与职业资格一体化的设计方案。

——针对该种专业建设，提出了专业核心技术“四个一体化”的教学方案。

——以该种专业建设模式支撑，开展课程建设和质量控制的总体规划与实践。

在“电气自动化技术”“机电一体化技术”等自动化类专业建设中，进行了为期四年多的实践探索和理论研究，形成完整方案和专业建设成果。

自 2006 年开始，在全国多所院校机电类专业建设中进行应用推广和实践检验。EPIP 团队在校企合作、工学结合的人才培养下，提炼整理出中观 EPIP 的专业论。

我们确定，寻找和确认专业核心技术技能，一个基本要求，就是行业企业工程技术人员从专业建设的最前端开始介入。针对区域经济发展的要求，职业院校的专业建设要及时跟踪了解专业人才培养规格变化、就业状况和供求情况，跟踪市场需求；专业建设团队要围绕核心技术一体化专业建设需要，借助校企合作平台、国际合作平台以及面向企业的技术服务能力，同企业建立长期稳定的合作关系，形成互动、互惠、互补校企合作运行机制。这些是为 EPIP 有效运用提供支点，为 EPIP“工程化”提供支撑和保障。

我们确定，每个专业建设，都要有高效依托型的校外实训基地 2 个以上，合作紧密型校外实训基地 2 个以上，动态遴选型校外实训基地 5 个以上。3 种类型的校外实训基地，为核心技术一体化专业建设中的 EPIP“工程化”提供支撑和保障。专业建设要围绕“学而知其用，用而知其所，所而知其在”的“三递进”进行，让专业建设落实、落地，实现专业建设真实、完整的“工程化”。

2．专业建设模式推广

2006年8月至2013年5月，EPIP创立者作为教育部高等学校高职高专自动化技术类专业教学指导委员会主任委员，分别在天津、北京、上海、江苏常州、浙江杭州等地组织召开了10余次全国范围内的机电类专业建设和课程改革研讨会，参加会议院校代表从首届121人，到第十届470人，总计达3600余人，涉及全国各省、自治区、直辖市，院校数达620余所。经过多形式、多角度的深入研讨、互动交流，使核心技术一体化专业建设得到进一步完善，为教育部教学指导委员会推广专业建设新理念和课程改革新思路奠定了基础，特别是为组建“核心技术一体化”专业建设工作组和课程改革工作组搭建了平台。

2008年首届全国职业院校技能大赛赛项建设中，“核心技术一体化”得到体现和应用。EPIP创立者承担了国赛“自动化生产线安装与调试”技术规程设计负责人和赛项裁判长工作，同时，承担了国赛“机器人”赛项承办组织工作。2009年，全国高职院校学生技能邀请赛，EPIP创立者承担了“楼宇智能化系统安装与调试”“数控机床技术”赛项的技术规程设计负责人；2010年，承担了“建筑楼宇——楼宇智能化技术”赛项开发工作；2011年，承担了国赛“机器人技术应用”赛项开发工作；2012年，承担了国赛自动线安装与调试技能赛项、智能电梯装调与维护赛项、自动化工程实践创新项目（EPIP）国际挑战赛赛项设计与承办工作；2013 年，承担了国赛智能电梯装调与维护赛项、自动化生产线安装与调试技能赛项、飞机发动机拆装检测与维护邀请赛项承办组织工作。在竞赛活动中，EPIP 创立者带领技术团队，围绕专业核心技术技能进行赛项开发，强化专业核心技术的综合应用，推动了机电类专业建设、课程改革、教材开发和师资培养。

我们确定，针对不同区域特点、不同院校实际，创建开放式专业建设模式，即专业的若干个核心技术技能要结合区域行业企业特点、院校实际情况更富针对性地开展调研，校企共同确定专业核心技术技能要素，使核心技术一体化专业建设更加适应区域经济社会的发展需求。同时，明确决定专业属性的核心技术应该是趋同的，应用领域和应用层度可以有所不同。

3．国家专业教学标准建设

为贯彻落实教育规划纲要，加强高等职业院校教学基本建设和专业建设，推进课程改革，提高教学质量，教育部组织制订《高等职业学校专业教学标准》（以下简称专业教学标准）。截至 2012 年，EPIP 创立者运用核心技术一体化专业建设模式，牵头组织教育部高等学校高职高专自动化技术类专业教学指导委员会主持开发了自动化技术类的 13 个专业教学标准。

专业教学标准内容丰富，突出工程化、实践性、创新型和项目式，其特点体现在：

一是以培养职业能力为主线构建课程体系。专业教学标准遵循技术技能人才的培养成长规律，对接职业标准、职业资格标准，结合生产过程和典型工作任务，合理设置课程，安排教学内容，突破学科化体系框架，构建以培养学生职业能力为主线的课程体系，强化专业课程的实践性和职业性。

二是以工作岗位实际为导向创新教学模式。专业教学标准推行基于工作岗位实际的项目教学、案例教学、场景教学、模拟教学等教学方式，倡导启发式、探究式、讨论式、参与式教学，加强“教、学、做”一体化，促进知识与技能相结合、理论与实践相统一，充分发挥现代信息技术作用，鼓励学校积极探索和构建信息化情景下的教育教学模式。

三是主动适应国家产业发展战略的新要求。专业教学标准重点围绕战略性新兴产业、先进制造业等产业现实需求与发展趋势，努力实现教育与产业、学校与企业、专业设置与职业岗位、课程教材内容与职业标准、教学过程与生产过程的深度对接，努力满足国家现代产业发展体系建设对技术技能人才的新要求。

四是促进中高职衔接和技术技能人才系统培养。专业教学标准一方面注重中等和高等职业教育在培养目标、专业内涵、教学内容等方面的延续与衔接，另一方面明确本专业毕业生继续学习的方式和接受更高层次教育的专业面向，促进中高职衔接和学生继续学习通道的建立。

第一批专业教学标准的发布试行，填补了我国高等职业教育专业教学标准化的空白，专业教学标准作为高等职业学校加强教学基本建设和专业建设、推进课程改革、提高教学质量的基本依据，在组织对高等职业学校进行人才培养质量评估时，作为重要标准纳入人才培养质量评估指标体系。

EPIP 创立者带领团队，接续开发了机械类、信息类、交通类、铁道类等 19 个专业教学标准。2012 年 11 月，成果由教育部分类组织出版。伴随着国家职业教育专业教学标准、国家职业大典等体系建设的不断演进，团队发挥了举足轻重的作用。

4．国际化专业教学标准建设

2012 年 6 月，教育部印发《关于借鉴国外先进经验开展职业教育部分专业教学标准开发试点工作的通知》，组织上海市和天津市，借鉴国外先进经验，开展了职业教育 50 个国际化专业教学标准的开发试点。其中，上海市以现代服务业领域的专业为重点，天津市以先进制造业领域的专业为重点。2012 年 11 月，两市借鉴德国、英国、澳大利亚等国经验，开发出首批 25 个专业教学标准。

2013 年，教育部在天津召开职业教育国际化专业教学标准开发试点的工作汇报会，并对首批开发出的25个专业教学标准进行了论证。天津第一批开发了12个国际化专业教学标准。这些专业教学标准既反映了我国国情和专业教学实际，又充分考虑与国际先进水平对接的要求，国际化在课程理念、能力标准、教学模式、开发技术、研制团队等方面都不同程度得到了体现。会议决定，再增建50个国际化专业教学标准，总数达到100个。2014年，天津市对承建的50个国际化专业教学标准进行了验收。2015年，天津市50个国际化专业教学标准，经EPIP团队进行梳理、提炼、加工、完善正式出版。

天津职业院校运用EPIP教学模式，在开发首批专业标准的基础上，组织了243个专业标准试验班。在全国职业院校技能大赛同期活动中，每年都列定一类“必选”项目——“国际化专业教学竞赛”“国际化专业说课观摩”“国际化教学情境研讨”。2016年以来，天津职业院校会同中外合作企业，结合合作国当地实际需要，将13类50余个专业“落地”22个国家23个鲁班工坊项目中，为鲁班工坊品牌创建、项目实施奠定了标准依托。

天津职业院校在国际化专业教学标准境外推广中实施“四递进”，即联动产业行业企业职业要素，联合研制国际化专业教学标准（一递进）；组织专业教学试验班，开展国际化教学观摩与成果验收（二递进）；通过鲁班工坊，中外双方院校合作开发国别性教学标准（三递进）；试验并在境外“落地”专业教学标准，纳入合作国的国民教育体系（四递进）。以国际化专业教学标准研制为牵引，推动专业设置、课程内容、教学过程与合作国当地实际需求相适应，形成了一批境外适用的标准体系和教学方案。

从“核心技术一体化”专业建设的提出，到试验实践推广；从技能赛项开发，到课程改革、资源建设应用；从教育部专业教学标准的制订，到国际化专业教学标准研制试点；从国内试验，到境外落地；我们一直在学习、借鉴、消化、鉴别，本土化实践创新，走了一条专业建设的可借鉴、可推广、可复制之路。

2009 年，高职机电类专业“核心技术一体化”建设模式成果，获得国家级教学成果二等奖。2014 年，运用 EPIP 教学模式“开发技能赛项与教学资源，推进高职机电类专业综合实训教学的改革与实践”，获得国家级教学成果“特等奖”。2018 年，“开发国际化专业教学标准,创设‘鲁班工坊’职业教育国际合作的研究与实践”，获得国家级教学成果一等奖。2022 年，“模式创立，标准研制，资源开发，师资培养——鲁班工坊的创新实践”，获得国家级教学成果“特等奖”。

三、EPIP专业建设内涵

应用 EPIP 设计和制定人才培养方案，要依据区域经济社会和产业、行业、企业需求，针对相关职业岗位（群）要求，力求实现产业、行业、企业、职业与专业的“五业联动”，校企共同确定专业核心技术技能；以其为主线，搭建专业（专业群）教学平台；通过校企合作机制，采取现场调研与网上调研，分析研讨与梳理遴选，专业要明确若干核心技术或技能，并用其规划专业课程体系；在此基础上，课程要明确核心知识点、技术技能点和素养点（核心知技素点）；构建基于工程实践导向、真实任务驱动的教学项目和教学场景；实施理论教学与实践教学，顶岗实习与毕业就业相一致，以校内课堂与实验（实训）场所、实习车间、生产现场四点相融的网状一体化教学格局；突出理论教学与实践教学的相互平行、融合交叉，纵向衔接、横向融通，整体人才培养围绕核心技术技能展开；突出课程体系和教学内容为核心技术技能服务，使该类专业毕业生掌握真正就业本领、创新能力，培养“短过渡期”技术技能人才。

具体体现就是：“核心技术与课程设置一体化”、“核心技术与教学环境一体化”、“核心技术与顶岗实习一体化”和“核心技术与职业资格（能力等级）一体化”。

1．专业建设的“工程化”

EPIP的“工程化”，是指要使学生学会解决“真实情境”中的问题，“工程化”目标是使学生在真实世界、现实生活能得心应手地工作、生活。“工程化”是借真实工程教、依真实工程学，在真实工程上做，用真实工程来考；其核心是“真实”，工程要真实，实践要真实，创新要真实，项目要真实，教与学的整体要真实，体现EPIP专业建设的“工程化”。

EPIP专业建设的“工程化”，是“核心技术一体化”专业建设模式，是通过“四个一体化”的实施，保证了产业、行业、企业、职业要素全程、全面融入专业建设，实现专业建设的职业性、开放性、针对性，为校企共同开发专业、协同教学、协作培养、共赢发展提供合作发展平台和命运共同载体。它是一种产教融合、工学结合、校企合作的专业建设模式的成功探索。

该模式依托区域经济社会发展，面向人才资源市场，依据产业、行业、企业需求，针对相关职业岗位（群）要求，校企双方共同调研寻找、研讨确定专业的核心技术技能。这一过程本身，就保证了专业建设的“以用立业”，基于真实工程、真实世界和现实生活；保证了技术技能人才培养与区域经济、产业升级、行业企业需求的一致性；保证了教育教学过程“教学做”的一致性；保证了企业需求、学校学习和实际工作的一致性；保证了校企共同建设专业、校企共同组织教学、校企共同培养学生、校企共同实现发展的一致性；也强化了 EPIP 专业建设的“工程化”。

EPIP 的“工程化”，主要体现在专业核心技术技能的搜寻、提取、遴选、确定过程，是基于真实工程、真实世界和现实生活。

2．专业建设的“实践性”

EPIP 的“实践性”，要求知技协进、德技并修、全面培养。

核心技术与课程设置一体化，要求教师与学生共同将专业核心技术综合应用到各种不同的生产环境中，强化学生专业核心技术技能的真实掌握。

EPIP 的专业建设须有与之相适应的理论教学和实践教学体系作保障。以专业核心技术技能为人才培养主线，整体教学过程分为基础教学、专业教学、专长教学、毕业顶岗四个层面（时间轴为纵向）；平台学习和主体学习两个阶段（平台学习阶段包括基础教学，主体学习阶段为专业教学、专长教学、毕业顶岗），工程实践导向、真实任务驱动的专业技术和技能校内校外培养培训始终不断线，贯穿教育教学始终，即构建所谓“四层两段一贯穿”课程结构体系，体现 EPIP 专业建设的“实践性”。

在“四层两段一贯穿”结构上，对课程进行有机整合，形成纵向贯通、横向融合的理论教学和实践教学的课程体系，两个体系相互平行，融合交叉，即构建所谓“相互平行、融合交叉”的理论和实践教学体系，把专业核心技术技能的综合应用、工程实践和创新创业等能力培养作为交叉点和教学重点，突出 EPIP 专业建设的“实践性”。相互平行是理论教学与知识应用的实践教学相互平行，教学进程相互平行；相互融合是知识学习与技术技能培养相互融合，理论和实践“讲训”场所相互融合，校内学习、企业实习和顶岗就业相互融合，知识学习、技术技能培养和素质养成相互融合；相互交叉是理论与实践两大体系的功能相互交叉，“先教—后学—再做”、“先做—后教—再学”、“先学—后做—再教”等“教学做”的启运顺序，要结合认知规律、教育规律相互交叉。强调基于真实工程，基于实践运用，让学生实现完整的“学习”，强化 EPIP 专业建设的“实践性”。

EPIP 的“实践性”，体现在专业核心技术的综合应用、核心技能的全面达标、职业素养的内化形成的整体专业“教”与“学”的实践过程，是知技协进、德技并修，全面培养。

3．专业建设的“创新型”

EPIP 的“创新型”，要求做到“学而知其用，用而知其所，所而知其在”，而“在”，是其所处所在和应用的实化具化；在此基础上，还要实现“在而知其代，代而知其原，原而知其衍”，而“衍”，是其繁衍和变化。EPIP 提供“工程化”背景和基础，提供“实践性”的载体和积累，更提供广阔“创新型”空间。

为实施“核心技术与课程设置一体化”，就要使“核心技术与教学环境一体化”，校企结合的教学团队对实验、实训、实习等教学环境进行完善，体现工程实践导向、真实任务驱动；同时，也要设计实施“核心技术与顶岗实习一体化”，行业企业人员从专业建设与教学实施的前端开始介入，从专业认知入手，到顶岗实习，再到毕业就业，贯穿全过程。校企人员共同从典型职业岗位群的真实现场需求中确定专业核心技术技能，也要将专业核心技术技能的涵盖程度、水平，作为顶岗实习符合程度、毕业就业胜岗程度的重要评鉴标准。

EPIP 专业建设的实践教学场所，分为校内实训环境和校外实训环境。校内实训室要建设适合核心技术与课程设置、核心技术与教学环境两个一体化需求的实训场地；校内实习车间建设要强化企业真实环境、现场工艺流程的模拟与再现，寓职业素质、工程素养于实训实习中，体现 EPIP 专业建设的“创新型”。

整体实训基地要注重设备的先进性，注重主流设备的配置，增强为企业培训、职业鉴定、技术服务能力，使学生学到的技术技能能够适应产业变化、社会发展需要。将校内实训室、实习车间网络化连接，实现车间级、现场级和设备级的监控与管理，将现场的工艺管理、组织形态融入教学。加强真实性、仿真性、虚拟性实际工程环境的营造，实现“虚实结合”逼真式情境下的综合职业能力训练，探索校内实训基地与生产性实训协同实施，突出 EPIP 专业建设的“创新型”。

校外实训环境建设，要求适度前移核心技术技能培养，使学生在参与顶岗实习时已基本掌握专业技术技能，提升学生实习的服务性、参与性，使企业受益;为企业提供技术服务，开展“订单”或“委托”培养，探索“双赢”模式下的校外实训基地建设；探索多元化的校外实训条件建设途径，通过收购、入股、混合所有制等形式参与校外实训基地的运营；建立以学生培养为主导、校企合作共赢、可持续性的校外实训基地，强化 EPIP 专业建设的“创新型”。

EPIP 的“创新型”，体现在专业核心技术技能的培养和训练，要在不同学段、不同时空，多维度、多形式、多应用场景下，单项、多项、综合反复性进行，让学生知其然，更知其所以然，达到运用自如、熟能生巧、创意创新的目的。源于真实，高于真实。

4．专业建设的“项目式”

EPIP 的“项目式”，要求体现完整、体现过程、体现全面。教师与学生要在一个一个完整的项目上教、学、做。

“核心技术与职业资格（能力等级）一体化”，是通过对专业课程（项目）、核心课程（重要项目）、综合实训课程（大型项目）的核心知技素分析，参照职业岗位（能力等级）要求，对照国家职业分类大典和职业岗位技术证书的知识、技能、素养点要求，将产业升级、行业指导、企业转型、职业岗位要求嵌入到职业教育专业教学体系,实现专业技能考核与职业资格（能力等级）考试，以及社会化技能考试接轨，实施以工程实践为导向、以真实任务为驱动、以项目场景为支撑的教学培训取证一体化，为推动构建专业认证体系和“1+X”制度，提供知识技能素养互换依据，体现EPIP专业建设的“项目式”。

探索建设具有EPIP理念的“教学工厂”，将企业管理、生产现场、工艺流程、质检形式等融入实训教学；将“排式”教学组织改造成“圆桌式”“六角式”形式，服务“小组工作”；融入优秀企业文化，营造工匠精神气息，规范劳动安全管理；完善“学校特派员”和“企业联络员”制度,突出EPIP专业建设的“项目式”。

探索EPIP的专业认知和顶岗实习运行机制，在培养方案设计中，第一、二两个学期，安排学生到专业针对性强、合作紧密企业进行为期1～2周的企业认识和专业认知，另外安排1周的校内相关实训室、实习车间和生产性实训基地进行专业认知，使学生对职业、专业有进一步的了解，体会职业氛围，获得一定的岗位经验，建立专业信心、专业信念、专业信仰。第四学期或第五学期，实施到企业或校内生产性实训基地进行跟岗实习，根据实习的情况及企业岗位需求，以短期培训方式对学生技术技能和关键能力进行针对性强化；第六学期安排学生进行顶岗实习，提升职业技能，拓展职业能力，独立完成工作任务，达到顶岗目标要求。认知与实习计划由校企双方协调、共同商议确定，毕业设计采用企业或校内的真实课题，为实习企业和学校解决实际问题，强化 EPIP 专业建设的“项目式”。

EPIP 的“项目式”，体现在以专业核心技术技能为主线，实施工程实践单元、任务导向单元的模块化教学，培养完整做事，客观评价，崇尚质量，团队合作的意识和能力。

四、再话“专业建设”

1．专业建设的基本判断

改革开放以来，中国职业教育无论在规模、质量、结构和服务能力上都取得了前所未有的巨大成就。但是，如何让产教融合、校企合作、工学结合、知行合一等理念在专业建设中落实落细落地，在促进区域经济社会发展中体现更大担当，在培养符合中国实际、适应真实需求的技术技能人才方面取得实实在在的成效，已经成为制约职业教育高质量发展的瓶颈。

黄炎培是中国近现代大教育家。他所看到的，当时的中国教育，所学非所用，所用非所学，直到当下尚没有根本解决。他提出“大职业教育主义”，办职业教育须联络和沟通所有教育界和职业界，职业教育要参与全社会的活动和发展，要探寻职业教育与外部环境变化的适应问题。他强调，要理论与实际并行、知识与技能并重，要把教育和实业联为一体。黄炎培的职教思想，体现了职业教育的本质内涵，达到了职业教育理念的最高境界。

陶行知创立了当代中国完整的教育理论，进行了大量教育实践。他主张，只有在生活中求得的教育才是真教育；生活教育的内容要随生活的变化而变化，要把学校放到社会大环境中去办，使学校与社会息息相关。

他们的共识是，如果学生仅接受知识，不发展谋生能力，必然是满地青年“学成无用”。改变这种情形，就应“以用立业”，就当“授以直接谋生之术”，使学生具备社会所需的、应有的职业能力和职业素养。

2．专业论本质思考

当代，“盖今世商战、工战，无非学战”，这一极富警世意味的结论，促使我们必须深度思考专业建设的本质：切合实用，发展能力，真实完整培养人。

EPIP 专业论传承并具化了黄炎培职教思想和陶行知教育思想，工程化、实践性、创新型、项目式“四元”融会贯通专业建设全过程。核心技术“四个一体化”专业建设模式，是推进职业教育专业领域改革创新发展的一个有益、有效、有价值的探索，也是一种成功的探索；是将墨子重视实践的“行为本”、黄炎培的“建教合作”与陶行知的“生活即教育”等思想，在专业建设范畴内落地取效的一个实践过程。

专业核心技术技能的校企共同寻找、确认的过程，解决了专业建设、专业学习的目标性问题。学为所用，学而知其用；用学结合，用而促其学。通过课程设置、教学环境、顶岗实习、职业资格（能力等级）与专业核心技术“四个一体化”的专业建设，保证了技术技能人才培养与区域经济、产业升级、行业企业需求的一致性；实现了理论学习、技能培养和素质养成相互融合，理论和实践教学场所相互融合，“教学做”与职业资格要求相互融合，校内学习、企业实习和顶岗就业相互融合，达到了专业建设的“EPIP”目标。

随着新一轮科技革命和产业变革的持续深入，我国对高端应用型人才的技术技能水平和综合素质要求不断提升。在这种背景下，我国正在构建与新兴产业技能禀赋需求适配的现代职业教育体系，提高人才培养的质量标准与规格要求。职业本科纳入现有学士学位工作体系，意味着国家将以更高规格的人才培养要求和质量把控程序，保证本科层次职业教育人才培养目标的落实；同时，也是职业教育作为与区域经济发展紧密关联的类型教育，完善自身管理制度体系、实现高质量发展的重要环节。

构建现代职业教育体系的目标，从层次上来讲，应该包含中职、高职、职本、专硕、专博，它们对应着技能型、技术技能型、技术应用型、复合型、创新型人才培养体系的达成。现代职业教育体系构建过程中，离不开专业建设、人才培养方案。EPIP 专业论同样是此类职教体系“中高本硕博”人才培养的工具与指南。

EPIP 专业建设，有效促进了产业、行业、企业、职业、专业的“五业联动”落实落地，推动了“服务宗旨、就业导向”落实落地，推动了创新型、复合型、技术应用型、技术技能型、技能型人才培养在专业范畴的整体化解决进程。

第六篇

EPIP的教育论

办职业学校，须有最高的热诚，参与一切；须有最大的度量，容纳一切。

职业教育应能包容一切。

——黄炎培

1999年下半年和2008年上半年，EPIP创立者两次到访新加坡南洋理工学院，此学院有一个简称,叫NYP。它是由德国与新加坡两国政府在职业教育领域合作项目“德新学院”发展而成，在全球职业教育领域堪称借鉴德国职业教育的典范。

新加坡国民有两个重要意识。一是危机意识，他们时常讲“新加坡是汪洋中的一叶扁舟，容不得一时的懈怠和失误”；二是重视教育，他们讲“新加坡没有什么资源，只有将每一个新加坡公民作为资源来开发，将每个人都训练成一个优质的人力资源，一个有用的人”。

新加坡南洋理工学院（NYP）有三个重要的办学理念，一是“教学工厂 TF（Teaching Factory）”，二是“综合科技教学环境 ITL（Integrated-Technology Teaching & Learning）”，三是“累积经验共享 AES（Accumulated Experience Sharing）”。

林靖东是 NYP 的首任院长，他坚持“源于企业，用于企业”，提出“教学工厂”，提倡用明天的科技，教育今天的学生，并进行了探索实践。

德国“双元制”的职业技术教育是德国经济腾飞的“秘密武器”，在世界范围内享有盛誉。新加坡在发展高等职业技术教育的过程中，非常重视借鉴德国的“双元制”，同时，他们也认识到两国国情的不同、制度的差异。NYP 在借鉴德国的基础上，创建了新加坡的双元模式——教学工厂。“教学工厂”是把教学和工厂紧密结合起来，通过校企合作项目，在学校里给学生提供一个工厂式的高仿真生产环境，让教学紧紧围绕专业培养目标，让学生通过生产实践，学到实际知识和技能。这种教学模式被新加坡各理工学院和工艺教育学院采用，推动了新加坡高等职业技术教育事业发展。

“教学工厂”已成为具有新加坡特色的“双元制”。

一、教育论状况与发展

新中国成立以来，中国教育科学取得了巨大发展。但是也存在一些需要改进的地方，教育研究过分注重学术性，教育论研究脱离或不甚了解教育实践，其研究结论有时不仅不能指导教育实践，甚至危害教育实践。职业教育亦然！教育论本来应该有很强的实践性，应成为“活”的科学，应是教育实践和教学经验的总结结果，应是指导教育实践、引领教育实践的航标。

改革开放以来，中国的职业教育不断面向世界，职业教育研究逐步关注实际，形成开放性国际职业教育比较研究趋势。但是，几十年实践证明，任何片面地、孤立地、笼统地考察学习国外职业教育，而忽视职业教育的环境、土壤、本质及适配条件去介绍、引进、推广国外职业教育，甚至原汁原味地吸收应用，都可能导致教育失误，伤害中国的本土教育。世界上，各个国家都应根据自己的国情，依据自己国家对职业教育的需求和受教育者的要求，选择适合的职业教育模式，切不可盲目照搬国外的职业教育模式。

走进新时代，踏上新征程，中国职业教育要增强服务意识和服务能力，扎根中国大地办教育，瞄准国家重大战略，聚焦区域经济发展，为生产服务，为生活服务，为青年人实现个人职业梦想服务，为人人都能够出彩服务。2016 年以来，中国职业教育走出国门，在泰国、英国、印度、葡萄牙、吉布提、埃及等国家建立了“鲁班工坊”。鲁班工坊作为国家重要平台，项目实体和模式内涵遍及亚、欧、非三大洲，覆盖13大类50余个专业。“鲁班工坊”作为中国职业教育的国际品牌、服务“一带一路”的重大国家行动、元首引领外交的重要合作项目，其核心要义，是以“工程实践创新项目（EPIP）”为教学模式，为合作国培养经济社会发展急需的技术技能人才，培养熟悉中国技术、了解中国工艺、认知中国产品的当地技术技能人才，为合作国青年高水平就业服务。

EPIP，是在中国的职业教育实践和理论研究基础上，围绕职业教育的教学模式，汲取中国古代、近现代教育思想，借鉴国际先进职业教育经验创立的。EPIP，从中国本土实践中来，再到中国本土实践中去，是结合中国实际创立的教学模式。EPIP应用的宏观层面，对应的就是教育论。

二、院校办学策略

EPIP教育论，聚焦院校办学与服务区域经济社会发展之间的关系，是EPIP在宏观层面的应用。我们通常讲，EPIP有“五观”，达观、宏观、中观、微观和纳观。前面通过“四元”的视角，结合“三谛”境界营造和“两核”强化，阐释了EPIP在微观层面的应用，EPIP的课程论，即课程改革，也阐释了EPIP中观层面对应的专业论，即专业建设。在本篇中，我们在重点阐释 EPIP 的“宏观”层面应用的同时，也将对“纳观”和“达观”进行讲述。

1．职业教育“四同步”

EPIP 教育论，涉及院校的办学思想，深度的产教融合，紧密的校企合作问题。在此，EPIP 创立者明确提出并确定：“职业教育，是现代产业体系发展的组成部分；职业教育高质量发展，是营商环境改善的重要内容。”EPIP 教育论，强调职业教育与经济社会发展、产业结构调整、科学技术进步、国际产能布局的协调同步；强调职业院校整体办学要基于真实工程、真实世界、现实生活，进行全面育人。

在办学思想、办学策略层面，宏观 EPIP 包含了更加丰富的东西，是学校开展教育教学活动的方法论体系中的最高层，是学校在 EPIP 教学模式指导下，建立起来的较为稳定的教学活动结构框架的最高层。

2．卓越学府“四要素”

NYP 林靖东有一个精辟的院校办学理念，提出职业教育领域“卓越学府”四个要素，即理念、师资、设施（科技专能）和网络。按照要素顺序，用 EPIP 讲一讲。

院校办学理念很重要，居首位。可以说，无论是哪所职业院校，其核心是“知技协进，德技并修，全面培养”，是培养服务经济社会发展需要的、具有可持续能力的高素质技术技能人才。EPIP 创立者曾多次到德国学习进修，开展项目交流。他将德国职业教育的精髓总结为五个“真实”结合，即动脑与动手真实结合，理论与实践真实结合，学校与企业真实结合，职业教育与经济社会真实结合，教育与人的全面发展真实结合。当今世界，无论是北美的 CBE、澳洲的 TAFE，还是英国的“资格框架”、新加坡的“教学工厂”，其院校办学理念概括起来，即使是最全面的概括，也无外乎如此！从一定意义上讲，EPIP 就是实现五个“真实”结合的模式与方法、路径与举措，是理念落地的“工具”。

如果说中国普通教育师资培养较为成熟的话，那么，职业教育师资的培养还是处于探索阶段；如果说职业教育师资的培养只是探索，那么，“双师型”素质教师、“双师型”结构团队的培养只能说尚在起步阶段。新时代中国职业教育发展势头之猛，与师资在数量、质量、结构上的不平衡不充分现状恰好形成鲜明的反差，是掣肘职业教育高质量发展，推进产教融合、学以致用的关键所在。

职业教育特色，必然要求院校办学要做到“人马未动，粮草先行”，没有基本的专业技能训练条件、专业技术应用场景是不能开设专业、组织办学的。实训环境职业化、组织管理企业化、工艺流程产业化，构建符合现代职教理念、融入现代教学方法的实训场所，是 EPIP 的基本要求。

院校办学,还要构建自己的网络联系系统。要构建国际合作网、校企合作网、校府合作网、校校合作网、高中职合作网、职成合作网、师资培训网、实训基地网、联合体、共同体、联盟等，实现更大范围的有效“共享”，获取更大的发展空间。

三、EPIP院校办学

职业院校围绕区域经济社会发展，对接需求，发挥优势，探索院校专业（群）服务产业的运行机制，首要的是分析所服务区域的产业、行业、企业、职业发展趋势,面向所服务领域的工程实践,优化院校办学与区域发展需求的匹配度；其次是以院校的工程项目服务集聚资源，以院校的工程实践累积孕育专业（群），以院校的实践创新成果升级优化专业（群），构建“服务—累积—孕育—优化”的院校核心竞争力建设互动机制，提升院校办学、专业累积服务现代产业能力。

院校办学的核心竞争力打造，就是高水平服务能力不断形成的过程。这一过程，院校办学充分体现了 EPIP 的四个基本要素，即工程化、实践性、创新型和项目式。

1. 院校办学的“四元”

职业院校要与时俱进地规划、布局、建设主体专业群，也就是院校办学的“核心技术（相似于专业建设的“核心技术”)”，也可以说，主体专业群就是院校办学的“核心竞争力”；而核心竞争力的构建要基于“工程化”方式进行。深化产教融合是一项重要工作，将此项工作做实、做细、做具体，其中，做具体最难！教育链、人才链与产业链、创新链衔接，是职业院校提高教育质量、提升办学效能的一项核心课题，将此项课题做好，同样也很难！院校办学找准“真实”需求，“工程化”最重要。

院校办学体现“实践性”，要依据主体专业群需要，开展校企合作工作，分析专业资源和企业需求的匹配度，整合院校现有专业资源，实施针对性项目服务，集聚校外优势资源；以校企合作，汇集师资力量、设备资源、工艺标准，累积孕育新专业；以产业升级、工艺变革、模式变化，推动现有专业改造提升。建立“高效依托型”、“合作紧密型”校企合作的实践育人基地，探索实施两种教育制度与两种劳动制度的结合，有效实施思政实践教育和劳动教育，探索产教融合、五育并举“落地”机制，落实全员、全方位、全过程育人。院校办学要紧紧抓住“知技协进、德技并修、全面培养”，推动主体专业群全方位建设，“实践性”最重要。

职业院校的科学发展离不开创新。院校办学的创新是基于主体专业群教学质量和服务能力提升这一中心的。开门办学，跳出职教看职教；开放办学，注重高质量“引进”和高水平“输出”；

品质办学，强化要素整合和培育品牌。吸引高端企业共研共建、共享共用，形成倍增效应；引进国际优质行业资源、通用职业资格标准、新兴产业应用技术，形成聚集效应；搭建技能大赛服务和成果转化平台，联动“政、行、企、校、研”多方协同，形成辐射效应。以国际合作为依托，以校企合作为支撑，强化内涵建设，打造职教品牌，是院校办学的一条“创新型”发展之路。

职业院校的每个部门、每个岗位、每门课程、每项管理都要服务高素质技术技能人才培养，也都是在“做”一个一个的工程实践创新“项目”，在“做”教书育人、管理育人、服务育人、环境育人、过程育人、全员育人的“完整”和“真实”的项目。打造优秀企业文化，孕育工匠精神是EPIP项目；设置反映主体专业群水平的综合实践教学现场、营造全程化真实（高仿真）育人场景是EPIP项目；面向社会招生就业的诚信辅导宣介是EPIP项目；开展学风、教风、班风、考风、校风建设，更是EPIP“项目式”工作。院校办学实践中的各个侧面、各个线路、各个空间、各个时段、各个环节，都是应该“做”精的EPIP“项目式”工作。

2．EPIP专业认知

院校办学中，新生入学教育，是帮助学生转变角色、适应环境、认识专业、培养综合职业素养的起始环节。开展专业认知教育，一定程度上决定了学生的学习动力和专业稳定率，是学生建立所选专业“工程化”的必要路径，是知技协进、德技并修、全面育人，体现“实践性”的重要环节。运用 EPIP，创新专业认知这一教育环节，做“精”这一“项目式”工作，让学生在亲身体验中了解专业特色、巩固专业思想，提高专业学习兴趣、职业忠诚度和自信心，是非常重要的。

专业认知是专业教育的重要内容。认知一个专业，讲它是学校的一个历史悠久专业、一个长线举办专业、一个重点建设专业、一个永不过时专业……这些重要。强调专业在院校办学中的地位，加强学生对所学专业的重视，介绍这个专业教什么、就业怎么样，主要学什么、应该怎么学习，让学生能够快速了解所学专业，这也重要。这些都是院校办学中一贯坚持的做法。

但更重要的，应该考虑增设：真实的产业发展态势、鲜活的专业应用场景、优秀的毕业生成长经历、丰富的校企育人环境、亮眼的技术应用未来、先进的教学组织模式、共享的社会资源平台、典型的专业社会贡献……

整体的专业认知设计与实施，要基于院校办学的主体专业群、专业的核心技术技能，要基于工程实践导向，真实任务驱动，应用工程化、实践性、创新型、项目式的 EPIP“四元”，给学生一个“完整”和“真实”的专业认知，一个别开生面的职业启蒙。用 EPIP

开启学生的职业生涯设计与专业学习互动的首课。

3．EPIP **课程概论**

每门课程的教学，都有第一课，都有一个课程的缘起。课程概论是围绕一门课程，教师“教”与学生“学”的起点，要由感性切入,由学生身边熟悉的生活经验导入,与“真实工程、真实世界、现实生活”相融，这一教育环节也直接决定着学生的课程学习动力和出勤稳定率。应用 EPIP，创新课程概论讲授模式，让学生完整了解课程要义，真实体验课程魅力，激发学习主动性，在院校办学中同样是非常重要的。

应用 EPIP，为学生建造对于所在院校、所选专业、所学课程的信心、信念、信仰，极其重要。学生的信心、信念和信仰，是院校办学、专业建设、课程改革的基础!

4．EPIP **知技素点**

院校办学中，更小的单元就是知识点、技能点和素养点，是每一项细小的“说知”,每一处细微的“闻知”,每一个细致的“亲知”。

专业是由课程有序有机排列组成的，课程是由各个知（知识）技（技术技能）素（素养）点有序有机组成的。每个知技素点的教学也应该遵循 EPIP 进行组织和实施。

四、教育论达观思考

2015 年 11 月,习近平总书记首次提出“供给侧结构性改革”。这一新思想的提出，意味着我国发展模式的重大调整。当时提出的初衷，主要源于解决进入新常态的中国经济所面临的一系列新的突出矛盾和问题。主要是结构性的有效供给不足，有效供给跟进不到位。基于此，标志着未来改革的用力方向将不全在需求侧，而在供给侧的结构和质量。

宏观层面的 EPIP，是职业教育领域，或者说，是在创新型、复合型、应用型技术技能人才培养领域，深化产教融合、社教融合，密切工学结合、校企合作的具体的策略、措施、招法。EPIP 强调“以用立业”，是为生产服务、为生活服务的教学模式。

下面，运用 EPIP，梳理和分析职业教育领域推进供给侧结构性改革的问题，以职业教育发展为主体、本体，探究职业教育本身的“工程化”，演绎这个主体本身的“实践性”“创新型”“项目式”，明确其推进供给侧结构性改革的必要性、改革的方向和领域、改革的策略和办法，让 EPIP 应用层级提升，递进到“达观”，又称宏观的“宏观”。

1．供给侧结构性改革的必要性

教育的结构是指基础教育、职业教育、高等教育、继续教育各种不同类型和层次的教育组合和各自比例构成，包括教育纵向系统的层级与层级之间的比例关系和相互衔接，以及教育横向系统的类型与类型之间的比例关系和相互联系，具有多层次性和多方面性。对各级各类教育内部而言，又有各自的教育类型结构、教育层次结构和专业设置结构。

职业教育供给结构要“工程化”。合理的教育结构对经济和社会发展、经济结构的合理化有重要作用，调整教育结构是提高教育经济效益的重要途径。从供给侧结构角度分析，我国教育供给侧结构的发展水平存在很多问题，基础教育发展不够均衡，多样性多元化不够强；高等教育人才培养应用性不够，实用性针对性不够强；继续教育办学功能在弱化和转型焦虑交织中；职业教育办学质量、吸引力在提升和形成过程中；各种教育类型和层次的组合和比例不尽科学合理。职业教育作为整个国民教育体系的重要组成部分，是与经济发展关系最为紧密的教育类型，这一本质属性也决定了科学的职业教育供给体系结构，对于解决经济社会高质量发展起着非常重要的作用。

目前，我国结构性失业的压力比总量性失业压力更大，结构性失业的问题不仅增加了总量性失业问题治理的难度，而且与总量性失业问题共同加剧了我国失业问题的进一步严峻。表现是，沿海发达地区出现“民工荒”的同时，中西部地区却是劳动力供大于求；全国范围的“技工荒”表现明显，技术工人、专业技术人员、高级技术人员的供给不能适应经济发展需求而形成巨大缺口；专业能力和职业意识欠缺成为大学生“毕业难就业”问题的主要原因；下岗失业人员再就业困难，形成“离岗不离厂”特殊现象；中高层次经营管理、高端技术技能应用型、精通国际规则外向型的“人才荒”愈演愈烈。当前我国的结构性失业，无论是民工荒、技工荒，大学生难就业、中高级人才荒，还是下岗失业人员的再就业，这些都是我国的经济社会高质量发展的不利因素，也是职业教育供给侧结构性改革的重要任务。

2．职业教育改革的方向和领域

职业教育供给侧结构性改革的核心任务，应该从职业教育发展过程中存在的问题与需求出发，强化职业教育本身的“工程化”；促进职业教育内涵发展，突出职业教育本身的“实践性”；实现要素配置的合理化，探索职业教育本身的“创新型”；扩大有效供给，一个领域一个领域，一个任务一个任务地推动落实，体现职业教育本身的“项目式”，实现职业教育的可持续发展。

（1）构建中国特色现代职业教育体系

建立现代职业教育体系是突破口和切入点。让现代职业教育理念深入人心，让行业企业和职业院校共同推进的技术技能积累创新机制形成，让职业教育体系的层次、结构更加科学，让院校布局和专业设置更加适应经济社会需求，让现代职业教育的基本制度、运行机制更加完善，这些职业教育体系化建设目标的实现，就是中国职业教育的百年梦想。

（2）改善职业院校专业布局结构

职业院校要结合自身优势，科学定位，紧贴市场、紧贴产业、紧贴职业设置专业，重点设置区域经济社会发展急需的鼓励类产业相关专业，减少或取消设置限制类、淘汰类产业相关专业。要注重传统产业相关专业改革建设和转型淘汰，服务传统产业向高端化、低碳化、智能化、服务化发展，要适应新技术、新模式、新业态发展实际，积极发展新兴产业相关专业；同时，也要避免盲目建设、重复建设和过度建设。

围绕现代农业、先进制造业、现代服务业和战略性新兴产业发展需要，积极推进现代农业技术、高端智能化装备制造、绿色清洁能源、现代轨道交通与物流、电商与旅游、健康养老服务、文化创意产业等相关专业建设，服务制造性生产业集中向智能化和集约化提质发展，推动生产性服务业向专业化和价值链高端延伸，适应生活性服务业向精细化和高品质转变。

教育行政部门要统筹管理区域专业设置，建立专业设置动态调整机制，专业设置预警机制，围绕区域产业转型升级，加强宏观调控，努力形成与区域产业分布形态相适应的专业布局结构和专业群。建立区域间协同发展机制，形成东、中、西部专业发展良性互动格局。

（3）建设现代职业教育课程体系

发挥思想政治与人文学科的独特育人优势，加强思政教育与课程思政建设，加强公共基础课与专业课间的相互融通和配合，注重学生思想品德、文化素质、科学素养、综合职业能力和可持续发展能力培养，为学生实现更高质量就业和职业生涯更好发展奠定基础。

充分挖掘和利用本地中华优秀传统文化教育资源，开设专题的地方课程和校本课程，开设经典诵读、中华礼仪、传统技艺等文化必修课，拓宽选修课、通识课覆盖面。

探索有效途径，形成常态化、长效化的职业精神培育机制。利用实习实训教学环节，增强学生安全意识、纪律意识，培养良好的职业道德，教育引导学生树立立足岗位、增强本领、服务群众、奉献社会的职业理想，增强对职业理念、职业责任和职业使命的认识与理解。

对接最新职业标准、行业标准和岗位规范，紧贴岗位实际工作过程，调整课程结构，更新课程内容，深化多种模式的课程改革。推行“1+X”制度，把职业岗位所需要的知识、技能和职业素养融入相关专业教学中。

公共基础课和专业课都要加强实践性教学。推行认识实习、跟岗实习、顶岗实习等多种实习形式，强化以育人为目标的实习实训考核评价。加强实习教学、管理和服务，保证学生实习岗位与其所学专业面向的岗位群基本一致。

适应经济发展、产业升级和技术进步需要，建立国家职业标准与专业教学标准联动开发机制。按照科技发展水平和职业资格标准设计课程结构和内容。通过用人单位直接参与课程设计、评价和国际先进课程的引进，提高职业教育课程教学对技术进步的反应速度。

职业院校按照真实环境真学真做，掌握真本领。推动教学内容改革，按照企业真实的技术和装备水平设计理论、技术和实训课程；推动教学流程改革，依据生产服务的真实业务流程设计教学空间和课程模块；推动教学方法改革，通过真实工程、真实任务激发学习者的学习兴趣、探究兴趣。

提高年度质量报告的量化程度、可比性和可读性，强化报告的发布情况和撰写质量监督管理。开展教学诊断和改进工作，针对职业院校不同发展阶段特点确定诊改重点。探索行业组织开展专业层面的教学诊改，以行业企业用人标准为依据，通过结果评价、结论排名、建议反馈的形式，倒逼职业院校的专业建设和课程改革。

（4）建立“双师型”教师培养培训体系

健全高校与地方政府、行业企业、职业院校协同培养教师的新机制，探索高层次“双师型”教师培养模式，推进高水平应用型大学和大中型企业共建职业教育“双师型”教师培养基地，探索“学历教育+企业实训”的培养办法。完善以老带新的青年教师培养机制。新入职教师实施“入岗、适岗、胜岗”三年三阶段培养培训：加强教师专业技能、实践教学、信息技术应用和教学研究能力提升，提高具备“双师”素质的专业课教师比例。开展五年轮次的教师全员培训制度，实行新任教师先实践、后上岗和教师定期实践制度。

加强专业骨干教师培训，重视公共基础课、实习实训、职业指导教师和兼职教师培训。加强兼职教师的职业教育教学规律与教学方法培训；鼓励兼职教师或合作企业人员牵头教学研究项目、组织教学改革。鼓励职业院校专业骨干教师同时成为企业培训师，驾驭学校、企业“两个讲台”。

（5）推进职业教育国际化进程

加强与信誉良好的国际组织、跨国企业以及职业教育发达国家院校开展交流与合作，引进国际化成熟适用的职业标准，选择类型相同、专业相近的国（境）外高水平院校联合开发课程，共建专业、实验室或实训基地，建立教师交流、学生交换、学分互认等合作机制。

发掘“走出去”企业的需求，培养具有国际视野、通晓国际规则的技术技能人才和中国企业海外生产经营需要的本土人才。将国际先进工艺流程、产品标准、技术标准、服务标准、管理方法等引入教学内容；与拓展国际业务的大型企业联合办学，共建国际化人才培养基地；发挥职业院校国际化专业、双语化课程和双师型教师优势，设立“鲁班工坊”，配合“走出去”企业面向当地人员开展学历教育和技能培训。

加强全国职业院校技能大赛国际化环境建设，对接世界技能大赛，引入国际化优质赛项，把大赛建设成为职业院校教学成果的展示中心，新技术、新工艺、新设备、新技能的体验中心，产教融合、校企合作的重要载体，提升大赛的国际参与度和影响力。建设我国职业院校师生参加世界技能大赛的培养培训基地。

（6）实施职业教育信息化计划

将信息化作为现代职业教育体系建设的重要基础，推进信息化平台体系建设，加快数字化专业课程体系建设。实施职业院校信息化基础设施建设计划，加强职业教育信息化管理平台和数字化资源平台建设。

顺应“互联网 +”的发展趋势，应用信息技术改造传统教学，促进泛在、移动、个性化学习方式的形成。开发虚拟仿真实训系统，替代在现场实习安排困难或危险性高的专业领域；开发仿真教学软件，优化教学中难以理解的复杂结构、复杂运动。推广教学过程与生产过程实时互动的远程教学。

建设数字教育资源共建共享体系。完善职业院校数字化建设标准，建立区域性职业教育数字资源共建共享联盟。探索建立高效率低成本的资源可持续开发、应用、共享、交易服务模式和运作机制，探索"互联网+"在职业教育教学、实训、科研、管理、服务等方面的全方位应用，使中国职业教育的信息技术应用达到世界先进水平。

3．职业教育改革的制度保障

职业教育供给侧结构性改革是一项系统工程，涉及职业教育改革的多个方面，除了上述改革之外，还需要从制度的供给方面提供保障支持。

（1）完善法规体系促进校企合作

产教融合、校企合作培养技术技能人才是国际职业教育成功国家的共同规律。长期的实践表明，我国职业教育校企合作中存在的诸多障碍都是源于缺乏国家层面的法律制度，当前迫切需要从教育、经济、劳动三个领域完善现有和新增相关的法律，加快建立国家层面的宏观性法律框架，为职业教育产教融合、校企合作制度构建提供保障。各地根据区域经济社会发展实际需求，也要积极探索，形成有效法规、制度、模式和做法。

（2）深化分类招生考试制度综合改革

建立符合职业教育培养规律和特点的人才选拔模式，促进素质教育的实施，由政府统筹管理，学生自主选择、学校多元录取、社会有效监督的中国特色职业教育考试招生制度。

（3）创新管理模式建立现代学校制度

创新职业教育管理体制机制，加强职业教育统筹管理，强化联席会议机制，落实各部门职责，完善党委领导、政府统筹、分口管理、协调发展的职业教育管理体制。

建立健全现代职业学校制度，完善职业院校理事会或董事会制度、职代会制度等学校内部治理，提升职业院校治理能力。完善现有职业教育集团的治理结构、发展机制，建立健全以契约为基础的、责权利分明的行业职业教育集团董事会或者理事会制度。

建立第三方评估制度。围绕社会经济发展以及区域协同发展战略，建立职业教育的人才需求和预测制度、毕业生跟踪调查制度、质量监测和评价制度等基础性服务支撑系统。

EPIP 是中国职业教育在模式、话语、标识、体系领域的一个探索，它是理念，是方法，是路径，更是启示。

EPIP 是一种理念，它对于职业教育发展、职业院校办学、专业组群构建、课程教学设计、师资队伍建设、实训装备研制、教育教学管理、培养绩效评价诸方面都有指导作用。EPIP是一种方法，是谋教育事业、做院校管理、干实际项目、当教师、做学生的方式方法。EPIP是一种路径，是聚焦服务区域经济社会发展、打造院校核心竞争力、构建专业核心技术技能、推进知技协进、德技并修、精致育人的路径。EPIP是一种启示，是我们的睿智圣者、职教先贤给予我们职业教育同仁的启示。

第七篇

EPIP 的教师培养

在做上教的是先生；在做上学的是学生。先生拿做来教，乃是真教；学生拿做来学，乃是实学。

——陶行知

新入职的职业院校教师应该经过入岗训练、适岗锻炼、胜岗历练三个阶段，也就是“入岗、适岗、胜岗”三个阶段。这三个阶段应该为三年以上的时间跨度。它是一名新教师能够融入职业教育、从事职业教育、投身职业教育的必经阶段，是培养一名“双师型”素质教师应该经历的过程。

这个过程，要把校企双元要素、国际多元要素、教学综合要素、教育复合要素有机融合，要对教师进行多方面、多经历、多层级的“设计式”打造和锤炼；新教师也要有“视自我提升为己任”的深潜意识、跨界视野、奉献精神，主动获取教师的综合职业能力水平“升华”。

这个过程，是EPIP创立者入职经历过的真实、完整过程。现在看，这其实就是EPIP运用于教师培养的路径，它较为完整地体现了工程化、实践性、创新型、项目式“四元”，也体现了EPIP的“两核”精髓。

这个过程，更是EPIP创立者萌动EPIP创建的实践原点和思考始点。

培养具有国际视野和互鉴交流能力、校企协同和组织实施能力、工程实践和环境营造能力，专业知识与实践技能好，专业技术与信息化应用能力强，教学组织与协作方式活，职业道德与文化素养高的教师，是提升院校办学质量的大命题，是院校办学生命线。

职业教育“工学结合”的人才培养，决定了职业院校必须打造“双师型”素质教师，必须探索“双师型”结构教师队伍培养的有效途径、模式与机制。以专业教学能力和工程实践能力提高为目标，以校企合作“项目驱动”为培养途径，实施新教师“三年三阶段（入岗训练、适岗锻炼、胜岗历练）”、在职教师“五年一轮次”的培养培训，形成教师职业能力提升的有效机制，实现师资队伍建设的专业化、系统化和规范化，为职业院校服务区域经济、专业建设服务产业发展、人才培养适应新时代需要的内涵发展提供支撑，是院校办学的重要任务。

职业院校教师要有校企“合作”意识、产教“结合”意识、要素“集成”意识。职业院校教师要擅长“双向”思考，要获得“双重”资格，要具备“双栖”能力！

为了叙述方便，也为了增加“工程化”的真实感和现实感，在此，将本篇中“EPIP 创立者”的称谓，以“我”替代，结合“我”的经历与感悟，用 EPIP 视角，真实、完整地讲述“我”的教师成长、职业发展中几段重要历程。

一、EPIP入岗训练

1990年7月24日，是我入职职业院校的第一天。这所院校是中德两国政府间在职业教育与培训领域最大合作项目中德现代工业技术培训中心（后为中德职业技术学院，现为天津中德应用技术大学，以下简称天津中德）。第一天上午是学校领导和德国专家做学校概貌性介绍，下午我们新教师就穿上了工装，开始在学校机电车间进行实践培训。我经历了为期一年的“入岗训练”。

第一年，我没有给学员正式讲过一节课，学校认为我们不是合格的职业教师。

新教师入岗训练分为两个阶段，三项内容：第一阶段为校内训练，为期半年；第二阶段为针对性企业现场实习，也就是企业训练，为期半年；在这两个阶段中安排了由德国专家“讲”“演”“练”的职业教学法培训项目，为期80学时。

1. 校内训练

第一个阶段，是在校内主要实验、实训、实习场所内进行技术技能培训。学校为我们制定了半年的机电类基础实践和专业技术技能培训。在校内两个机电车间内进行车、钳、铣、刨、磨、电器安装、元件焊接、数控加工等一系列基础实践技能的训练；

同时还要在校内的24个相关实验实训室进行计算机应用、可编程控制、电气测量、传感技术、驱动技术、机械手编程等方面专业技术训练。凡是机电类专业学生在学校期间要进行的实训操作训练，要学的加工方法和技术技能都要让我们亲手做一遍。这是EPIP的“工程化”，是使新教师“真实”地了解学校“现实”的学生技术技能学习的“实谛”境界，要“真实”地了解学校“现实”的学生所要学习的技术技能内涵的“实谛”境界。

第一个阶段，指导教师对我们进行训练指导、专业考核和水平测试，训练指导采取“项目式”团队工作进行，构建一个一个“完整”的“教学做”项目；考核与测试采用过程评价和结果评价相结合，素养评价、工艺评价和功能评价相结合的方法进行。

通过六个月的基本技能、专业技术训练，我接触到学校的近40位教师，通过他们技术技能的传授，包括言行举止、职业素养的传递，使我熟知、体会了教学场所、设施设备、专业特点、知技素点、各种教学方法，为我“融”入学校教育教学打下坚实基础。现在回想起来，这个过程太重要了！它让我了解了学校，知道了学校都有哪些先进的实验实训室，在那里能够进行什么样的技能训练；我知道了学校都有哪些教师，他们都擅长什么技术技能，他们习惯采用哪些教学方法；我们知道了各门课程之间的相互依存和联系，我们要讲的课程在整个教学体系中的位置和作用；

我们知道了学生都要学习什么，需要什么，他们在各个学习过程中的体验是什么，我知道了职业院校教师讲课不仅需要丰富的理论知识，还需要精湛的专业技能，更需要良好的职业素养和灵活的教学方式。

我们应该还记得，EPIP 强调，“学而知其用，用而知其所，所而知其在”。“在”是实化具化的所处所在，实实在在的“实际”。在入岗训练中，新教师的“学”，是为了学生这个“在”而学，是为了教学这个“在”而学,是为了培养学生技术技能这个“在”而学。以此,我们新教师专业成长的第一步,就进行了彻底的“工程化”。

上述有关第一个阶段“真实”的入岗训练“现实”描述，现在看来，可以说是 EPIP 在新教师入岗训练方面的极好应用，充分反映 EPIP“四元”“三谛”“两核”“一宗”。其实，这应该是 EPIP 创立者（我）开启 EPIP 思考、探索、研究的“开端”，也是 EPIP 思想启蒙的“首课”。

2．企业训练

入岗训练的第二个阶段在企业进行。学校分别安排新教师下企业锻炼，学校特派员定期到企业联系情况、提供支持。学校为我们新教师安排企业实习，新教师可以深入接触生产实际，同企业建立联系，了解企业之需，寻求自己所讲授的专业课程与企业实际需要的结合点，熟悉真实生产工艺、了解真实企业生产设备的运行情况，使新教师学而知其用，教而知其用。

在第二个阶段，我被安排到当时的天津大型企业——天津感光胶片厂进行企业实践。我选择了厂内重点项目——涤纶片基生产线进行实习。该生产线是天津感光胶片厂于1985年左右引进的欧洲先进生产线，专门用于感光片基生产。生产线长300 m左右，是由6个自动控制站组成，融PLC、液压气动、传感技术、驱动技术、罐装、压膜、自动化立体库、计量技术、光机电一体的现代化生产线。企业指导是具有20年生产经验的工程师。我从了解工艺流程、每个传感器的位置和作用开始，到对照图纸熟悉整个生产线的控制程序。一个半月的时间里，我在生产线旁同工程师、机电维修工一起摸爬滚打，将整个生产线了解得清清楚楚，认识了许多新器件、熟悉了许多新工艺、掌握了许多新技术、结识了许多新伙伴，全面感受了企业生产氛围。在企业实践中期，我同技术人员一起调研自动化生产线的控制技术，了解到生产原料是由国外进口，随着产量加大和降低成本需要，急需改进控制程序，使用国产原材料替代。经过一个多月的调研和现场试验，由我牵头主持，带领4名学校毕业班学生，与现场工程技术人员一道，承担了“涤纶片基生产线控制系统的改造和完善”项目。企业给予项目经费，我们通过两个月的设计、试验、调试、验收、试运行、运行，顺利地完成了第一个为企业现场的技术改造项目，为企业创造了良好的效益，也出色地完成了企业实践任务。

我认为，新教师带着问题、带着专业下企业实习，向现场技术人员学习、向现场的设施设备学习，将自己的专业知识和技术技能，运用到企业现场实际，是新教师上岗训练和在岗提升的一项必要任务。这种方式的企业实践，我体会了动脑和动手相结合，理论与实践相结合，教、学、用相结合，同样重要的。我从中极大地充实了自己、丰富了知识、开阔了眼界、了解了企业，为今后成为一名合格的职业教师打下坚实基础。

让我们再回到EPIP，它强调“学而知其用，用而知其所，所而知其在”。通过“在”，搞清楚对象的实化具化的所处所在，实实在在的“实际”；搞清楚我们学习知识、练就技能、掌握技术、熏陶素养，要以真实工程为背景，知道学的东西如何用，用在哪；搞清楚它在真实工程中具体的、真实的存在形态，所处位置、所起作用、所生效果。EPIP提供了工程化的背景和基础，提供了实践性的载体和积累，也提供了工程实践的广阔创新空间。以此，我们新教师专业成长的第二步，是在企业进行了更彻底的“工程化”。

上述有关入岗训练第二个阶段的描述，现在看来，也是EPIP在新教师入岗训练方面的极好应用。第一个阶段发生在学校，第二个阶段主要在企业。其实，这应该是 EPIP 创立者（我）深化思考、探索、研究的“开示”。

3．教学法培训

现在，再来说一说 80 学时教学法培训。当时，学校聘请了德国专家施泰歇尔（第三任德方专家组组长，曾获中国政府颁发外国专家最高奖项“政府友谊奖”）讲授。

我是师范毕业的硕士生，教育心理学、教学法、教育学是师范类学校的三大主课，但是，听施泰歇尔讲座，对于我当老师来说是受益终生的。他从教师如何着装、如何举教鞭、如何布置板书、如何掌控语言、如何演示实验、如何师生互动，如何分组分工，实训课如何“收—放—收”，如何安排团队项目，如何进行“自评”、如何运用“互评”、如何进行过程指导和评价，其内容完全是具体的、真实的、情境化、可操作、可实施的。施泰歇尔的讲座是“工程化”的。

比如，头一次上课，教师要拿出 5 min 左右的时间进行自我介绍；如果是小班教学，还应安排学生进行自我介绍。头几次上课，教师最大的任务是认识学生、记住姓名。教师的自我介绍，要将自己的经历、业绩、成果对学生进行形象介绍，要讲出自己在这个领域中“骄人的战绩”，换句话讲是“自吹自擂”；从另一个角度讲，就是“信则灵，不信则不灵”，教师的自我宣介是让学生信服，让学生更加愿意、更加倾心去接受施教，为提升课程教学效果服务。

再比如，教师在上演示实验时（演示实验课是指将实验台放置在教室中进行演示性教学），读仪表上的数据，大部分教师是自己读，然后自己写到黑板上，这种方式不可取。而应该由学生派代表来读，告诉教师和学生；再由学生写到黑板上，这样全班的学生都会认为这数据是由他们自己读到的、写上的。又是一个小小的“工程化”应用。

再如教师写板书的回头频率，如何能够控制和调动学生；教师在教学过程中要随讲随走，不能只站在讲台旁;教师语言的调控，要通过声音的强弱、大小、快慢来吸引学生；教师要力争在头三次课把学生名字记下来，用“第几排第几个学生”来称谓，是对学生不尊重，会让学生感受的距离感。一个教师要让学生产生钦佩的感觉，也是教师完成课程教学非常重要的“功课”。

教无定法，教而有道。这 80 学时给我留下很深的印象。我通过这种培训，学到了许多实用的教学方法和技巧，并且对教育理论、教学法有了一种深刻、具体的认识，让我看到“可用”“有用”的教育理论、教学方法；更为重要的，它使我更加主动、自觉地关心教育理论，培养了不断丰富教学思想，注重教学研究的习惯和兴趣。我知道了什么是“能用”的职业教育理论和教学法。

现在，许多职业院校的新教师入岗后，直接指定他（她）一门课、一本教材、一套教参，教师抱着一本书进行备课、做教案、上课，这样做对新教师今后的成长，特别是参与课程改革、专业建设都是有问题的。教师是最容易成为“边缘人”的群体。只有真正融入学校，才能保证教师以后有更大的潜力。换言之，教师不知道自己的学校有哪些教学设备、有哪些可学的教师、学生在学校都学什么,那么这位教师今后的课程开发、专业建设就无从谈起。“融”入职业学校、“融”入职业教育的过程就是新教师的“入岗训练”，是新教师从教的第一步。

4．学思践悟

职业院校教师从想做“先生”开始,要做“先生”先做“学生”，再到做“专家”，做不过时的“教育型专家”。

职业院校教师应该学会如何做“先生”。职业院校的专业特色十分明显，在理论与实践相结合的教学过程中，更突出实践环节。因此，职业院校应该结合本校特点和各专业特点对新教师进行相关的教学法、教育理论方面的上岗训练。衡量职业院校教师的素质指标，不仅仅要求教师做到授课观点正确、重点突出、语言通畅、逻辑性强，更要注重衡量教师运用教学法、教具等的直观性如何，教师与学生课堂合作如何，学生的能动性发挥，特别是学生的接受效果如何等指标。这些都要求职业院校教师在实际教学中具备新的教学观念，运用新的教学方法。

职业院校教师要做好“先生”，先得做好“学生”。职业院校要根据入岗教师文化水平高、实践经验不足、动手能力相对较差的共性以及各自不同专业的个性，有针对性地制定系列实践技能培训，全面系统地学习学生要进行的实践操作、要学的加工方法、要掌握的专业技术。教师要想教好一门课，首先要清楚你的学生都要学什么、需要什么，要亲身体验学员各个学习过程。如果你自己不能成为学校的“好学生”，就不会是学校的“好先生”。

职业院校教师既是“先生”，也是“专家”。职业院校培养人的目标是为企业需要服务，培养适应能力强、企业生产实践需要的应用技术技能人才。从职业院校走出去的毕业生不应该再需要数年的理论到实践过渡。这种短过渡期、无过渡期的人才培养正是职业院校追求的办学特色，也应该是中国职业教育发展的方向。职业院校教师应该广泛接触实际，同企业建立联系，了解企业之需，寻求自己所讲授专业课程同企业实际的结合点。学校要支持教师开展各种形式的校企合作，推进教师在校企合作实践中增长专业才干，学生在校企合作实践中得到工程培养。职业院校毕业设计的选题要来源于真实工程、真实世界、现实生活，师生共同完成真实现场技术项目的同时，也完成了将学生向企业所需人才的过渡；同样重要的，教师也从中充实了自己，提高了利用专业理论进行实践能力。职业院校教师要成为专业技术领域的“专家”。

职业院校教师要不断“充电”，作不过时的“教育型专家”。职业院校教师要树立终身学习、终身实践的观念，应该充分利用各种培训、学习、教研丰富自己，给自己不断地“加压”“续航”。学校也应该为教师创造条件，不断提高教师的教学能力和专业水平。

当然，教师成长是一个系统工程。以专业教学能力和工程实践能力提高为目标，以校企合作“项目驱动”为培养途径，实施新教师“三年三阶段（入岗、适岗、胜岗）”、在职教师“五年一轮次”的培养培训，形成教师职业能力提高的有效机制非常重要。

二、EPIP在岗培养

新加坡南洋理工学院 (NYP) 专门为他们的办学理念注册商标，一个是赫赫有名的“教学工厂——TF ™”，一个是“累积经验共享——AES ™”。

1．教学工厂

“教学工厂”是由时任学院院长林靖东提出的一个的办学理念。它是以学院为本体，在现有的教学系统 (包括理论课、辅导课、实验课和项目安排) 基础上设立的，全方位营造工厂实践环境，将企业实习、企业项目与专业教学进行有机结合。对于这个理念，在国内也早有人提出,但可以肯定的,这个理念在NYP得到了真实、完整、彻底的落地应用,并且为学校开拓了极具生命力的发展空间。

理念和模式的探索必不可少，理念和模式的创立更加重要，而理念和模式的成功落地更为重要!

我感受到,“教学工厂”引进企业真实项目，为学生提供了一个“工程化”的学习环境和运营过程,为教师提供了实施知技协进、德技并修、全面培养的“实践性”载体和以名举实、名实耦合的“创新型”空间。NYP为学生提供完善的学习环境，将工厂的实际生产工艺、设备、环境引入校园，让教学过程和生产过程融合，不仅让教师能更加真实地教，也能让学生更加真实地学，有效促进了学生对真实工程、现实生活的了解，职业素养养成、职业道德培养更加实化具化。在这样的一个校园工厂实施企业项目研发与技术改造，教师不断引导学生大胆创新，开放思维，寻求更好的方法，学生的创新能力得到全面培养。学生在教学场所设立了许多小组研究工作室，在项目的开发中，学会在一起研究问题，解决问题，发挥众人智慧，取得最好结果，让学生在解决问题中意识到团队协作的重要性，真实地培养团队合作精神。

“教学工厂”中，学生能将所学应用于多元化、多层次、多领域的工程实践。这要求学校的专业课程设计要及时准确获取企业信息，专业课程内容要为企业的真实工程服务，要为未来工程服务。就是说，学生能够学到实用的，具有一定超前性的科学知识、生产技术，这样学校才会成为最适用的可持续发展人力资源的提供方，取得企业的信任。

2．累积经验共享

“累积经验共享”是 NYP 的另一个品牌。NYP 教师每周有一次教研活动（一般 6 个人为一组），把本周项目活动做交流分享，每一位讲这一周做了什么，体会是什么，趣闻和新闻。我到过 NYP 两次，第一次是一个月时间的项目培训，我们 12 个人在那里学习的时候，第一次上课，我们相互做自我介绍，第二次换了另一位教师，这位教师只做自己的自我介绍，我们不用再做介绍。他们之间已经深度分享了我们每个人的信息。我对他们教研活动的具化实化，感到十分惊讶！

NYP 每位教师在行业、产业上获得的信息，每位教师做一项工作获取的经验，每位老师在接受一个培训项目获知的感受，都要在团队教研平台上分享。每个人都把自己的累积经验放到这个共享平台上，平台上“堆满”了大家奉献的有价值东西，这就是“累积经验共享”，也是一种团队文化。

3．“无界化”

我对 NYP 教研、科研活动的感受是，他们的教研、科研是有效的、具体的、工程化的。我两次到新加坡，新加坡同行也多次到中国。我结识了一位 NYP 专业经理（相当于专业带头人）蔡友德。他对世界机器人大赛非常关心，有组织和开展技能竞赛工作的经验，曾带队取得过优异绩；他对滨海新区、环渤海项目、中新生态城等战略项目和对中国的产业企业了解得非常清晰，而且始终有一种非常强烈的获取更多信息的愿望。一个职业院校教师对区域经济、区域产业行业、区域支柱型企业的了解，是必要的，也是应该的。NYP 教师人人都在培养 NYP 精神，这也是一种学校文化。他们讲敬业，我们叫精益求精，他们还叫“一定能”的态度，就是认为规划策划完毕，就应该努力将一件事做成。这些基于教师对行业企业信息的“把握力”“转化力”，以及他们对最新产业的持续“跟随力”。

一位教师接了项目、有了课题，他（她）就会形成一种吸引力；只要他需要，大家都愿意支持他（她）把这件事做成。这也是 NYP 的一种精神——“无界化”。这种无界化在校园里处处都能体会到。实验室之间是透明的，各个系建筑空间的无界化，到人与人精神的无界化、专业知识的无界化、经验分享的无界化。无界化，是一种高层次的职业化境界，也是一种“合谛”境界。

三、EPIP团队工作

在此，我从亲身经历的“空客”员工测评出发，真实、完整地说一说团队工作，我们也叫团队合作意识与团队合作能力。

2005 年 12 月，温家宝访问法国，国家发改委与空中客车公司在图卢兹签署了加强工业合作的谅解备忘录。2006 年 10 月，胡锦涛与法国总统希拉克举行会谈，两国签署了中法合作协议，决定在滨海新区建设 A320 系列飞机总装生产线。2007 年 5 月，天津总装厂正式开工,成为空客在欧洲以外的第一条总装线。2009 年 6 月，天津总装厂交付首架飞机。其实，空客不是法国的，也不是德国的，而是欧洲的。核心国家是法国和德国，西班牙与英国也在其中。

2006 年年初，欧洲空客的专家团队来到了中国，在正式签署协议前，来寻找空客人才测评中心和培训中心，当时有五家单位竞标，其中天津中德中标。天津中德成为欧洲空客 A320 天津总装项目的技术技能人才测评中心和培训中心。

1.“空客”测评

在工厂开工建设之前，我们就承担起员工招聘测评工作。招进来的员工，在天津中德要经历 52 周的培训，再去汉堡做 52 周的培训，总共 104 周的培训。培训合格，这个人已经是身价上百万的技术技能人才（培训费成本）。空客选人特别用心，不分你是研究生、本科生还是高职生。初选是简历和经历，是成长路径和综合材料。遴选的兴趣点是综合的、多维的。

通过了初选，要到现场（天津中德）来接受测评。接受测评的人员一次要经历两整天，每次15个人左右。两整天，分为四个半天的测评。15个人来测评，空客来多少人呢？空客的专家团队来16个人，有法国、有德国，都是空客有经验的技术专家。其实，这16个人还不够，还要加上天津中德的接受过专门培训的8位教师。我当时是测评中心的中方负责人，空客方面是德国专家贝克先生。第一个半天：有关空客的演讲介绍、视频宣介和项目描述。紧接着，四套纸介试卷分发，有逻辑性的、视图性的、基本计算等，趣味性很强。第二个半天：基本技能的测试。第三个半天：语言表达与综合。第四个半天：团队工作“TEAM WORK”测试。这是我们中方人员最不适应的测试。

2.“TEAM WORK”测试

现在，重点说说团队工作“TEAM WORK”测试。测试要分为若干团队，每个团队三个人。三个人进到一个大的室内空间里，中间有一张大桌子，桌上放纸、文具、各种日常工具等。测试教师宣讲项目：你们三人用两个小时，搭一座“塔”，越结实、越美观、越高越好。项目宣讲完毕。两个小时，搭一座塔，越结实、越美观、越高，就越好！我们参加测试的应聘者长时间没有反应，根本没反应过来。还有什么要求，都说完了吗？三位应聘者在中间的大桌旁边坐好，宽阔明亮的空间顿时寂静了很多，远处站立或坐着4～6位测评师（原则上，2/3是空客专家，1/3是中方教师），他们依据测评点进行观察、考测。问题来了，半天的测试让做什么？要考什么？标准答案是什么？这同专业技术技能有什么关系？应聘者茫然！

三位应聘者是随机抽取的，谁也不认识谁。我记得，有一个团队，一个厦门来的，他向两个同伴讲，他近年一直带自己的孩子，孩子3～5岁时，教过孩子做剪纸。厦门人让同伴们放心，他一定能做好。他又动剪刀又拿尺，找来浆糊，自己干起来了。另外两位很庆幸，踏实地开始小声聊天。这位厦门小伙子就自己一个人忙活了半个多小时，那两位好像发现了什么，看了看旁边的测评师，觉得不对劲儿，三个人考试，他俩什么也不做，分数怎么办？一时兴起，他俩也开始忙活起来，学着厦门人的做法，搭起了第二座、第三座塔。一个多小时以后，桌面上出现了貌似相同、又不一样的三座纸塔。

那么，团队工作（TEAM WORK）测试，它测的是什么呢？三个人的团队一起工作，在两小时里，共同搭一座塔，质量越高，结构越结实，外形越美观，高度越高，越好。其观测点归纳为：

团队成员之间的信息交流、经历介绍、彼此熟悉，这是首先要做的。彼此认识后，交流各自的擅长，共同研究团队工作内容，发挥各自智慧、分工协作、协同合作，共同搭建一座塔。如何搭这座塔？互相交流中，要了解工作条件、工作环境、工作用具；要使用笔、纸、尺，要划，要写，要算；要主动提出观点，相互研讨，制订计划，做出方案，设计环节，考虑用时，筹划用材；要事先考虑是搭建一座方形的、多角形的，还是圆形的塔；要事先考虑是用浆糊粘连为主，还是折叠交合为主；要考虑团队成员分工、配合，要商定形成共同认可的流程和标准。这一过程应该用很长时间，充分交流，应该逐渐趋向统一的过程。每个人都围绕工作任务，发表自己的观点，阐明自己的想法，提出自己的依据，讲明自己的道理，共同遴选、优化方案。这一过程，语言表达能力、逻辑思考能力、组织协调能力、形象展示能力很重要；说服别人，接受自己很重要;同时，经过交流阐释，能够心悦诚服地接受别人、采纳更优化的方案也很重要。方案实施中，三个人分工合作，相互配合，体现协同，将预设方案在实施中再优化、再磨合、再落地。这也是职业素养和协作能力的测试！再好的理论,再好的方案，都需要实施的工艺、技巧、手法、经验来保障，来完善。实施的过程中，出现了没有预想的情况，如塔身结构歪了、重量支撑有问题了、尺寸不吻合了……这时，就要停下来，进行再讨论、再商量，从中取得经验，重新完善方案和工作设计。最后，大家商量，为共同搭建的“塔”书写工艺流程、工作说明、结构描述、外形特色和工单纪要。一个真实、完整的团队工作被团队漂亮地完成。团队力量之塔，才会结实、美观、有高度！

这个团队工作测评，大多数团队失分很多，甚至两个小时过去了，还不知道要干什么？应聘者总感觉要充分表现自我，要让团队其他人不如我，让别人主要看我。没有团队合作意识，就不会相互信任、有效沟通、发挥各自优势。

3．学思践悟

我们的教育教学，时常是片段的、割裂的、不完整的。通常情况下，竞争，我们强调的多了；合作，对于我们陌生了。自己干自己的，我们练了很多。几个人合作完成“一项工作”，我们练得太少了。操作，我们练了很多，真实、完整地了解一件事，研究一件事，阐明一件事，完成一件事，我们练得太少了。对于“关键能力”，我们重视得不够，理解得不够，实施得不够，落地生效更不够！

四、“双师型”素质教师

职业院校教师要有“事业心、责任感、求知欲”。“双师型”素质教师是一个概念，需要实化、具化。

1. 双师型素质教师“八要素”

我的狭义理解，双师型素质教师应该包含八个要素：

①具有现代的职教理念和国际视野。

②能够讲授两门以上的专业理论课。

③能够运用实验、实训设备开设两门以上的专业实验、实训或综合实践课程。

④能够完成 EPIP 专业认知、企业实习和毕业设计。

⑤能够为行业、企业现场工程人员开展技术短训。

⑥能够胜任为企业现场生产与管理解决实际问题。

⑦能够指导新教师完成入岗训练，指导学生开展职业生涯指导和创新创业教育。

⑧具有良好的职业素养、职业道德，不断地学习和进修，具有可持续职业发展能力。

2. 双师型教师“素质拓展”

如果要进一步扩展，我想“双师型”素质教师还应该懂一些职业教育理论和发展史，懂一些职业教育心理学和教育教学法，成为一个集理论、技术、技能、示范于一身的复合型人才；“复合”包括知识的复合（例如机电复合、土建管理复合、外语与专业复合等）、能力的复合（管理能力、创新能力、解决问题能力），要不断提高教育技术和信息技术应用能力，汲取中国古代、近现代教育思想，吸取现代教育理念，改进教学方式，注重国际交流，这样才能适应新时代的需要。

五、“双师型”结构队伍

按照课程类型分工合作，实施人才共育，需要打造的是一支专兼结合、优势互补的“双师型”结构队伍，我们也习惯叫“教学团队”。这个教学团队建设，应该立足于专业群，而不是立足于一个专业，其核心目标是培养经济社会发展所需的高素质技术技能人才。

1．团队协同与协作

素质课程，可以主要由学校的专任教师承担。其中，“就业指导”与“职业生涯设计”等课程由学校专任教师和行业企业兼职教师共同承担，以行业企业兼职教师为主。

基础课程，应该主要由学校的专任教师承担，探索采用“教学做”一体化实施；“专业认知”“企业认识”“企业实习”由学校专任教师和行业企业兼职教师共同承担，以行业企业兼职教师为主。

技术课程，应该由学校专任教师和行业企业兼职教师共同承担，行业企业兼职教师承担部分实验、实训。

拓展课程，应该由学校专任教师和行业企业兼职教师共同承担，依据教学团队中专任教师和兼职教师的各自优势，分工协作完成教学。

顶岗实习，应该以企业兼职教师为主，教学团队中部分专任教师作为企业特派员和联络员深入实习现场,共同指导,共同完成。

资格取证，需要在有关部门、行业协会、重点企业指导下，将相应的资格标准纳入教学方案，由学院专任教师和行业企业兼职教师共同承担；高级资格证书以企业为主，以行业企业兼职教师指导和培训，学院专任教师辅助。

对于学校的专业组群建设，应该实施“双－双带头人”制，即两个专任教师与两个长期稳定的行业企业工程技术人员共同担当。学校国际化特色比较明显的，可以实施国外专家教师同专任教师、行业企业人员组合的国际化专业组群带头人制。

2．一流教育家

陶行知提出过两种标准，得其一，即可算一流的教育家。

一种，敢探未发明的新理。“我们在教育界任事的人，如果想自立，想进步，就须胆量放大，将试验精神，向那未发明的新理贯射过去；不怕辛苦，不怕疲倦，不怕障碍，不怕失败，一心要把那教育的奥妙新理，一个个的发现出来。”这是何等的魄力，教育界有这种魄力的人，不愧受我们崇拜！

一种，敢入未开化的边疆。“一般有志办学的人，也专门在有学校的地方凑热闹，把那边疆和内地的教育，都置之度外。推原其故，只有一个病根，这病根就是怕。怕难，怕苦，怕孤，怕死，就好好的埋没了一生。我们要晓得国家有一块未开化的土地，有一个未受教育的人民，都是由于我们没尽到责任。责任明白了，就放大胆量，单身匹马，大刀阔斧，做个边疆教育的先锋，把那边疆的门户，一扇一扇的都给它打开。”这又是何等的魄力！有这种魄力的人，也不愧受我们崇拜。

敢探未发明的新理，即是创造精神；敢入未开化的边疆，即是开辟精神。创造时，目光要深；开辟时，目光要远。总体来说，创造、开辟都要有胆量。在教育界，有胆量创造的人，即是创造的教育家；有胆量开辟的人，即是开辟的教育家，都是第一流的教育家。这种人才，究竟要由什么学校造就？究竟要用什么方法培养？可算是我们最关心的问题。

师，教育之本！

第八篇

EPIP的拓展应用

生活即教育，社会即学校。到处是生活，即到处是教育；整个的社会是生活的场所，亦即教育之场所。

——陶行知

自2008年开始，教育部、天津市政府联合国家的相关部委办（从2008年11个部委办，到2019年35个）共同在天津举办了十二届全国职业院校技能大赛（以下简称“国赛”）。它成为我国教育工作的一项重大制度设计和创新，也是我国职教改革与发展的重要推进器。

2008年，EPIP创立者作为教育部高等学校高职高专自动化技术类专业教学指导委员会主任委员，牵头完成了首届国赛高职组四个赛项之一“自动化生产线安装与调试”技术策划、赛项开发和资源建设，并完成了“机器人技术应用”赛项的承办组织工作。首届国赛结束，大家在思考：技能大赛如何引导职业教育教学改革？如何发挥服务日常教学的作用？如何让更多的院校受益？如何让更多的学生受益？这些问题成为了职教界和整个社会普遍关注的问题！

EPIP 创立者，带领教学团队和行业企业技术人员，围绕技能竞赛成果，开发了 10 个基于赛项成果，服务专业综合实训教学的教学资源包，它包括“竞赛实训装备、彩色纸质教材、数字资源光盘及专题学习网站”，形成“四位一体”的教学资源，出版了系列“工程实践创新项目（EPIP）”规划教材；建设了《自动化生产线安装与调试》《工程实践创新项目（EPIP) 教程》《工业机械手与智能视觉系统》等双语版教材和教学资源。EPIP 赛教互动，也推动了鲁班工坊教学仪器与技术装备建设，为中国职业教育的模式、标准、装备、话语走出国门奠定了基础。

EPIP 创立者，于 2014 年，基于长期实践探索，理论研究，经验总结和模式推广，率先提出并创建了职业教育产教融合发展的新机制——“五业联动”。它孕育于国家职业教育改革试验区院校办学实践，成熟于国家职业教育改革创新示范区专业建设和课程改革过程，产业、行业、企业、职业、专业的互动联动，深化了产教融合、校企合作体制机制建设，促进了教育链、人才链与产业链、创新链有机衔接。实践证明：“五业联动”是一种有效的中国职业教育院校办学新模式。2020 年 1 月，国务院办公厅发布《关于推广第三批支持创新相关改革举措的通知》中，明确提出，在人才培养和激励方面：推进“五业联动”职业教育发展新机制。2022 年 8 月，“五业联动”产教融合机制，载入《中国职业教育发展报告（2012—2022 年）》，成为首届世界职业技术教育发展大会的“主题词”。

“五业联动”产生于职业教育改革实践中，是 EPIP 教学模式在宏观层面（院校办学）、中观层面（专业建设）、微观层面（课程改革）应用的生发，它传承了天津职教文化传统，对于优化现代职业教育的办学结构、专业建设与课程改革，发挥了理念引领和机制创新作用，是产教融合、校企合作的重要抓手和落地“通道”。

一、EPIP赛项开发

自 2008 年以来，EPIP 创立者带领教学团队，充分运用 EPIP，基于“四元”“三谛”“两核”，从“工程化”入手，以“实践性”贯穿，引“创新型”风尚，推“项目式”载体，实施赛项设计开发，探索了服务产业升级与社会需求，面向专业建设与课程改革，聚焦综合实训教学；融入行业企业标准，采纳国际通用技术，着眼大赛教学资源转化，形成了的赛项开发模式。按照调研社会需求—分析教学应用—提炼技术技能—研发竞赛装备—建设教学资源—举办技能赛项的赛项开发步骤，实施了技能赛项设计、教学资源转化、赛事国际对接、文化体验活动为一体的系统化赛项承办组织方式。

1．赛项设置对接产业发展和社会需求

教学团队实施EPIP“工程化”，深度融入真实工程、真实世界、现实生活、实际需要，开发的赛项主要源自国家支柱产业、战略性新兴产业和社会生活服务领域，为产业发展和社会生活需要的技术技能人才培养培训服务。

“自动线生产线安装与调试”“机器人应用技术”等赛项开发顺应国家产业结构调整和升级的需要，紧扣了工业化进程的技术方向。“数控机床安装、调试与维护”“飞机发动机拆装与维护”等赛项，以装备制造业对人才的新需求为出发点，衔接产业升级需要。“楼宇智能化系统安装与调试”“智能电梯装调与调试”等赛项开发，以“电梯惊魂”事件为背景，以“城市让生活更美好”为主调，瞄准了职业教育服务人民群众生活的需要。而“工业机械手与智能视觉系统”赛项，面对世界“智能制造”回流，以“后工业化”时代富士康事件为引子，引导高职专业向服务智能制造转型。

2．赛项设计对接专业建设和课程改革

教学团队紧紧围绕EPIP的“工程化”，突出服务日常教学，引领专业建设，推动课程改革这一目标，将知技协进、德技并修、全面培养的“实践性”，以名举实、名实耦合、三谛圆融的“创新型”

融入其中，推动综合实训教学的“项目式”载体建设，围绕智能制造类专业综合实训教学项目，教学团队会同行业企业技术人员共同设计赛项内容和装备载体，从社会需求调研出发，在典型工程应用中，提取专业技术和生产工艺，研发竞赛实训装备，共同制定竞赛标准，研讨教学资源建设，力求为职业院校的专业与产业对接、课程实施载体与典型现场装备结合、工程实践教学与企业管理运行联系搭建一个共通的“桥梁”。

教学团队围绕 EPIP 专业层面应用，技能赛项和竞赛实训装备以专业核心技术作为统领，嵌入多项专项技术，同时，为了服务学校专业建设中“相互平行、融合交叉”理论与实践教学体系的构建，开发设备注重了结构布局、层级布局和应用布局。赛项内容和装备通过局部与整体、单体与总体、机械与电气、机构搭建与编程调试等架构组合方式，进行设计。例如，单站、双站、多站、整体联调（自动化生产线安装与调试），单梯、双梯、连梯联调（智能电梯安装与调试），居室、小区、管控中心、整体联调（楼宇智能化系统安装与调试），物料配送生产线、工业机械手搬运中心、物料仓储立体库、成品储藏库、各部联调（工业机械手与智能视觉系统）……实现引领专业综合实训课程改革，引导“核心技术一体化”专业建设应用，同时，为现代教学方法运用提供载体支撑。

例如，“自动化生产线安装与调试”竞赛设备包含了多项专业核心技术与专项技术应用，如传感器技术与应用，气动技术与应用，低压电气控制技术，工业网络技术，可编程控制器技术，变频器技术与应用，触摸屏组态制技术，步进、伺服电机技术，电气系统安装和调试技术，机械系统安装和调试技术，系统维护与故障检测技术……

3．赛项标准对接企业标准和岗位要求

“自动化生产线安装与调试”赛项的内容设计参照了“可编程控制系统设计师”“维修电工”国家职业资格标准，“楼宇智能化系统安装与调试”赛项参照了“智能楼宇师”及行业安装标准……同时，竞赛装备的开发立足于日常教学，全面融入行业企业和生产现场要素，满足职业资格取证的训练要求，满足行业企业的操作规范和工艺。

教学团队实施的赛项设计围绕专业核心技术展开，实现了专业核心技术与课程体系设置一体化、训练竞赛装备一体化、职业资格取证（能力等级）一体化和企业顶岗实习一体化的目标，为技能竞赛、日常教学有效融入行业企业标准、职业资格标准提供了支撑。

4．赛项内容对接国际通用技术和工艺

教学团队在竞赛内容与装备设计开发过程中，研究和借鉴国际赛项经验，立足本土的国际化资源开发，大量选取在工业技术领域国际通用性强、应用效果好的主流技术和器件，参考生产工艺流程，分析典型跨国企业、高端技术企业用人标准，研究工程实践现场和综合职业能力要素，强化国际通用的“工艺考核、过程考核、功能考核、素养考核”，为赛项国际化推广奠定基础。

通过开发国际通用的“工程实践创新项目”“自动化生产线安装与调试”“工业机械手与智能视觉系统应用”教学装备和双语教学资源，为中国职业教育与国际对接提供了交流平台。

5．赛项服务对接专业群综合实训教学

教学团队在赛项设计、开发中，将团队协作能力、计划组织能力、交流沟通能力等职业素养纳入竞赛内容，引领综合实训教学的课程设计与教法、学法改革；基于 EPIP，将专业教学中的多项技术在高仿真现场环境下进行综合应用，结合赛项内容和装备在局部与整体、单体与总体、机械与电气、机构搭建与编程调试协同设计的条件下，增强了专业课程体系中各个课程、各个实验实训场所的有机关联，融会贯通；将教师日常教学的线性流程改造为并行、综合实施流程，为构建“相互平行、融合交叉”的理论和实践教学体系提供支撑。同时，强化教师和学生的工程实践经验，提升了技术的综合运用能力，赛项设计为教学资源建设留下了广阔的创新空间。

6．赛项文化对接技术传承和分享体验

教学团队在赛项策划、设计和申报之初，就联动国内外相关机构、高新技术企业、教学装备公司，启动配合国赛赛项的承办同期活动主题，体现赛项赛事特点，融合技术文化传承，新技术体验和分享，建立生活、技术、文化相互交融的竞赛环境。将赛项的举办与师生的技术文化体验相结合，将赛项开发设计理念体现在真实世界、现实生活中。

二、EPIP 资源建设

EPIP 创立者带领教学团队，在赛项资源建设中，探索了“将竞赛理念、内容、考核方式融入日常教学，将现代生产流程、技术标准、服务规范引入实践教学，将生产过程和教学过程结合”的教学资源转化模式，建设了三类资源，即指向技能赛项对应装置、兼顾通用适用的学习资源，基于技能赛项所对应专业的综合性实践教学资源，衔接国际技能赛项和教师学生开展赛项活动服务资源。

教学资源建设立足于实际工程的“真度”、技术应用的“深度”、创新空间的“广度”、学习资源的“厚度”、软硬结合的“密度”、虚拟仿真的“效度”，教学过程的“乐度”和全面培养的“适度”，教学团队首创、探索并遵循这“八度法则”，开发综合实训教学的教学资源。

1．**教学资源开发定位和形式**

基于 EPIP 教学模式、基于真实工程实践，开发面向技能大赛、服务先进制造类专业的立体化教学资源，增加职业岗位所需要的现场环境、运行管理方式的介绍，以激发学生的学习兴趣和职业意识；编写图文并茂，以图载文，通过丰富的图表，可以使学生直观了解各种型号的设备和器件，形象清晰地展示技术要点，使教学资源体现科学性、时代性、趣味性、可教性和可学性的特点。

2．**教学资源开发架构和内容**

立体化教学资源由竞赛训练装备、彩色纸质教材、数字资源光盘、专题教学网站等四部分组成。彩色纸质教材以完成国赛项目为线索，采用工程实践导向、真实任务驱动的模式编写，由点到面，从局部到整体，由易渐难，通过小任务（项目）学习专项技术，通过大任务（项目）学习技术综合应用。

教学指导、专业标准、精品课件、典型视频、题库案例、工程实景、工具器件、实训条件、教师参考、学习拓展等音视频文案资料放入配套的数字资源光盘中，使得学生在使用教材时，可有的放矢地进行资讯，制订工作计划，从以教师为中心向以学生为中心转换。

配套的专题学习网站是多样性、交互性的辅助资源，支持课堂教学和课外学习，支撑师生教学和“泛在式”学习。

数字资源包含的典型内容：①赛项涉及专业的解读、课程体系推介、教学设计指导；②赛项简介、核心技术、专项技术、大赛规程、大赛样题；③赛项设备、部件、零件、场景、教学条件、机电原理图、安装图、爆炸图；④赛项过程、学生实训、课堂教学、精彩一刻等音视频；⑤赛项装备、工作原理、工作过程、内部结构动画类；⑥虚拟仿真设备、虚拟实训项目、工作指导视频等；⑦拓展项目、工程案例、网站链接等；⑧数字化教材、教学课件、教案、演示文稿等。

3．教学资源适合教学法运用

教学资源充分适应现代教学方法和教学手段的运用，按照工程化、实践型、创新性、项目式，应用了项目教学及小组工作。

每一个项目按照任务提出、信息资讯、步骤制订、材料准备、电路设计、机械装配、程序流程、项目验收、项目拓展等真实工作流程组织编写。在项目拓展部分，让学生以小组为单位完成一个创新项目，实现综合实训与综合设计的系统衔接，培养学生的创新意识和关键能力。

4. 教学资源国际化推广应用

教学团队在竞赛内容与装备设计中，融入国际要素，开发国际通用性教学装备，强化了国际通用的工艺考核、过程考核、功能考核和素养考核，为赛项资源、教学资源国际化奠定了基础。

2010年以来，“自动化生产线安装与调试”赛项分别成为第八届、第九届、第十届、第十一届、第十二届东盟技能大赛正式指定赛项，其竞赛设备、竞赛内容和标准均采纳中国的标准。2013年，《工程实践创新项目教程》（英文版）被东盟、韩国、西班牙等国外高等学校应用。2012年、2013年、2014年，德国、西班牙、越南、菲律宾、新加坡、印度尼西亚、马来西亚、老挝和非洲联队等国外选手正式参与全国职业院校技能大赛“自动化生产线安装与调试”赛项，与企业深度合作开发的该赛项和教学资源，不仅在全国职业院校机电类专业广泛使用，其双语教材和资源已成为东盟国家技能竞赛和教学培训的载体。作为将竞赛成果转化为教学资源的一个范例，教学团队的工作得到了联合国教科文组织和德国国际继续教育与发展协会的高度赞赏。

2013年，“飞机蒙皮技术”“工程实践创新项目”赛项引进国外智力资源，被评为国家级引智项目。通过东盟参赛的推广，泰国机电一体化专业留学生班正式采纳“工程实践创新项目”实施教学。2013年，职业院校技能赛事国际研讨会在天津举办，来自 12 个国家的教育机构、专家教师参加了技术与文化交流，EPIP 创立者以“中国职业技能赛项开发与特色”为题作了会议主旨发言。国家级机电一体化专业群教学团队，依据工程实践创新项目 EPIP，探索了“以赛促学、以赛促教、以赛促改、以赛促建、教赛结合”的机制和途径，为推动职业技能赛项开发和赛项成果转化，推进我国职业院校技能赛项国际化，扩大我国职业教育在世界上的影响力，培养具有国际水平的技术技能人才做出了贡献。

天津职业院校主动开展竞赛资源转化工作，成立大赛成果转化中心，将大赛的理念、标准、装备、资源“具化”到专业建设，“渗入”到课程教学，“拓展”到中外合作，为中国职业教育与世界深度分享、互学互鉴奠定了内涵基础。教学团队联动中外合作企业、职业院校，基于大赛赛项，研发了工程化、实践性、创新型、项目式教学资源 130 余部（套）。自 42 届世界技能大赛以来，助力世赛（中国 – 天津）研究中心，为中国选手获取世赛金牌做指导，服务量占中国金牌选手总量 25% 以上。2022 年，主持了首届世界职业院校技能大赛（简称世校赛）赛项设计、装备升级、赛场组织，兼容性开发了 13 个赛项，全部纳入世校赛“竞赛类”赛项，为“鲁班工坊赛道”成功举办，奠定了竞赛标准、竞赛装备基础，助推了各国鲁班工坊中外师生的深度交流。

2014 年，以工程实践创新项目（EPIP）应用为核心内容的成果，获得中国职业教育领域的首个国家级教学成果“特等奖”;2022 年，以“模式创立,标准研制,资源开发,师资培养”为核心主题的成果，再次获得国家级教学成果“特等奖”。EPIP 已成为中国职业教育的话语体系和重要标识。

三、EPIP与“五业联动”

2014 年以来，随着国家职业教育改革创新示范区建设发展，随着推进产教融合、校企合作的新形态，一个新的名词，一种新的发展势态，正在影响着津沽大地、京津冀区域乃至全国职业教育。这就是“五业联动”。

“五业联动”是由 EPIP 创立者率先提出，创建并组织实施的职业教育产教融合发展的新机制，基于长期实践探索，理论研究，经验总结，成果推广过程，植根于国家现代职业教育改革创新示范区建设成效,经过实践检验,是一种有效的职业院校办学新模式。

2018 年，“服务智能制造产业发展，‘五度引领，五业联动’协同育人模式创新与实践”成果，获国家级教学成果一等奖。2020 年，国务院办公厅发布《关于推广第三批支持创新相关改革举措的通知》中，明确提出：在人才培养和激励方面：推进“五业联动”职业教育发展新机制。2022 年，“坚持产业、行业、企业、职业、专业‘五业联动’，创新教学模式”，载入《中国职业教育发展报告（2012—2022 年）》，成为首届世界职业技术教育发展大会的“主题词”。

作为一种新的发展势态，五业联动产生于职业教育改革实践中，是 EPIP 教学模式在宏观层面（院校办学）、中观层面（专业建设）、微观层面（课程改革）应用的生发，对于优化现代职业教育的办学结构、专业建设与课程改革，发挥了理念引领和机制创新作用。

如何理解五业联动内涵及其发展势态，如何优化五业联动结构，如何更有效地发挥其功能，并利用这种新的势态促进职业教育改革创新和科学发展？需要我们深入思考。

1. 何谓五业联动

EPIP 创立者于 2014 年系统提出“五业联动”新概念。它指的是一种根植于产业发展，对接行业指导，围绕企业需求，服务职业岗位及个人职业发展需要，落地于院校办学、专业建设、课程改革的职业教育办学模式。

五业联动的内涵可以具体表述为：职业院校以促进就业为导向，以职业能力为本位，在专业建设方面与产业、行业、企业、职业等要素密切联系，通过整合资源，相互协同、相互对接、相互融合、相互促进，将专业建设过程中体现五业联动的各项内容落实到教学与实训的各个环节，从而实现办学结构和效能优化的一种办学模式。

可以说，依据现代产业的发展趋势和人的发展需求，强调院校办学、专业建设与“五业”联动，共同确立人才培养目标和规格，联合开发教学内容和应用 EPIP 教学模式，合作探索具有中国特色的现代职业教育科学发展途径，是这种新型办学模式的显著特点和创新之处。五业联动是落实产教融合、校企合作向纵深、向内涵推进的可靠、可用模式，更是职业教育高质量发展和有效服务经济社会的有效途径，同时，也是应用 EPIP 教学模式的必然要求。

理论上，人们通常把职业教育视为一种与经济发展结合最为紧密，承担着人力资本开发、人力资源供给、技术技能积累的教育；然而现实中，企业却对参与职业教育的兴趣不高，校企合作呈现“一头热”。究其原因，这是因为职业教育原有的办学结构、人才供给不能适应和满足经济发展的需求。例如，职业教育的专业设置必须与产业升级对接，但是相当多的职业院校专业设置依然与生产实际脱节；又如，职业教育的教师、实训设备必须跟上企业生产要求，但很多职业院校的“双师型”结构师资队伍和生产性实训条件常常不能适应技术技能人才培养要求；再如，职业院校毕业生的专业知识、职业能力、职业精神必须与岗位需求适应，但职业教育的人才培养标准和规格往往滞后于产业、企业、职业发展变化，行业指导作用也没有得到有效发挥。这些现象，反映的是院校办学和职业、企业、行业、产业之间不协调的表象，而技术技能人才的供需脱节、职教资源的供需错配等办学结构性矛盾才是产生这些错位的实质。

根据现代系统论原理，结构是组成客观事物诸要素的结合方式，功能则是系统在与外界作用过程中所具有的适应环境、改变环境的反应能力。结构是功能的基础并决定功能，功能对结构有相对独立性和反作用。据此，我们可以认为，要解决职业教育办学结构与经济社会发展的不适应问题，需要职业教育站在技术技能人才供给侧的角度，与人才需求侧的多元利益诉求方联手合作、协调联动。也就是，职业教育需要在这种联手合作中，寻找到自身结构中的不合理因素并加以调整和改善，以顺应产业结构不断调整和升级的经济发展环境；职业院校需要在这种协调联动中，强化要素和资源的精准配置机制，提高教育质量，发挥职业教育的技术技能人才培养这一社会功能，以提升技术技能人才高效供给能力。于是，五业联动作为一种改革理念、一种办学模式，也自然地承担起了引导人们优化现代职业教育办学结构，适应并反作用于经济社会变革能力的责任。

实践中，透过院校办学、专业建设、课程改革与“五业”对接和联动，职业院校不仅优化了办学结构，而且逐步建立和发展出一系列有效的协同与合作运行机制。从效果看，五业联动，一则促进了职业教育适应产业升级与新兴职业需求。即根据区域产业结构的调整及其对人力资源的需求变化，主动契合产业转型升级、区域经济发展和新兴职业的要求，修正“结构性缺失”并不断地优化专业（群）布局、专业内涵调整和实践课程设置，不断创新教学及实训手段，提升技术技能人才培养能力和服务产业发展能力，进而引领产业可持续发展。二则促进了技术技能人才的供给从“需求侧拉动”到“供给侧推动”根本转变，即根据人的职业发展要求，坚持就业导向特色，因材施教地引导学生通过教育改变自身命运，通过职业教育搭建的“立交桥”，学会终身学习，学会不断优化自己的知识、能力、素质结构，学会不断拓宽就业的弹性和适应性，进而实现个人职业可持续发展，并促进职业教育人才供给链与经济产业链的无缝对接。

一个优秀的系统结构，透过优化的排列组合，可以高效地发挥“整体大于部分之和”的功能。五业联动作为一种职业教育供给侧的改革，它促使职业院校充分利用现有的条件，对准新时代突出矛盾“工程化”这个“靶心”，针对一些办学的结构性不适应问题，从供给侧入手优化和升级自身的结构，创新并培育与“五业”发展相适应的教学与管理运行机制，使之与所担负的社会功能更加配适，更有效地提升技术技能人才培育质量，更好地服务社会经济的转型升级。这既是新时代社会经济可持续发展对职业教育的必然要求，也是职业教育供给侧结构性改革的内在逻辑。

2．五业联动溯源

五业联动作为一个新生概念，并不是凭空生成的。它的出现与天津职业教育发展的深厚历史积淀和职教文化传统密切关联。天津是一个务实的城市，代表近代工业文明的实业，很早就出现并集聚天津。天津的教育也是务实的，近代中国“工学并举”的理念源自天津，《辞海》中关于清末实业学堂和学校的解释也源自天津。天津不仅首开中国实业教育先河，而且在近代开创了众多第一。1879 年，中国第一所北洋电报学堂创办于天津。此后，立兵船之本的北洋水师学堂，培养陆军和铁路人才的北洋武备学堂，培养工业技术人才的北洋工业学堂，培养财会人才的天津中等商业学堂也都第一时间登陆天津。在中国职业教育发展史上，天津职业教育始终是浓墨重彩，具有重要的先导地位。

天津职业教育在现代锻造了特色和辉煌。中华人民共和国成立之初，天津确立了职业教育新学制；20 世纪 50 年代末，天津“半工半读”教育日出海河，领跑全国，创设了技术教育的示范模式；21 世纪之交，天津“工学结合、校企合作”的职业教育办学实践，确立了职业教育办学的“天津模式”，引领了全国职业教育改革；2005年，天津市与教育部共建首个“国家职业教育改革试验区”；2010年，与教育部共建，升级为唯一“国家职业教育改革创新示范区”；2015年，再度升级为唯一的“国家现代职业教育改革创新示范区”，一个具有时代特征和天津特点的高标准现代职业教育体系已经在天津形成。

回首往昔，无论“工学并举”的实业教育思想萌芽，或是“半工半读”的两种教育与劳动制度实践，还是以培养高素质产业大军为本、工学结合的全新职教理念，天津职业教育的发展始终贯穿着一条清晰的思想脉络，这就是：务实求真，传承发展，锐意改革，持续创新。正是得益于这种勇于开创和善于改革的职教文化传统，天津在职业教育发展的新时代，又一次提出了“五业联动”推进职业教育产教融合“扎根”“落地”。结合深入推进需要，提出了五业联动多元并举，合力推进的改革思路，举起了职业教育办学体制结构性改革的大旗。为了服务五业联动，天津职业教育相继探索了政、行、企、校、研“五方携手”的合力机制，共研、共建、共享、共用、共赢“五共递进”的运行机制。曾经走过的历程告诉我们：职业教育永远是与产业发展相互依存的教育类型，只有在服务产业发展的过程中，不间断地理顺自身与社会各行各业的关系，不间断地优化自身作为人才培养供给侧的办学结构，才能顺应经济社会的大趋势。当今产业结构调整和经济转型升级的发展现实告诉我们：作为一种与经济发展结合最为紧密的教育，职业院校只有与五业不间断地协调、联动，不间断地提升为五业服务的质量，不间断地向社会输送优质的技术技能人才，才能实现五业共赢，才能共同构筑美好的世界。从秉承工学并举理念，到开创半工半读制度，到塑造工学结合模式，再到举起“五业联动”改革职业教育办学模式的大旗，天津职教人承前启后，一步一个脚印，一岁一个台阶，既积累了发展的经验，更将创造新的发展奇迹。

追溯职业教育发生发展的社会根源，可以看到，职业教育的结构不是自在的，而是人为设计的，存在着一种可持续的科学安排。在这种办学结构的设计和安排过程中，天津职业教育既做“拓荒牛”，也当“千里马”，还争当“领头羊”，不仅构建了现代职业教育新体系，而且已经成为职业教育改革创新高地，成为职业教育产教融合发展的理论政策、实践模式的创新策源地，“金思猴”！

3．五业联动价值及现实意义

我国职业教育发展的弱项在产教融合、校企合作。产教融合、校企合作是新时代中国职业教育改革发展的重点，是我们应当下大功夫、也必须下大功夫去探索和解决的难点。透过专业建设与产业、行业、企业、职业的有机互动，五业联动在办学结构方面使学校和企业两种不同教育生态资源和环境得到充分利用，使学校的人才培养与企业的用人机制、学生的职业发展有机结合起来，对于破解产教融合、校企合作的实践难题，是一种另辟蹊径的改革创新，具有显著的改革价值和意义。

（1）改革价值：创新职业院校制度建设

首先，五业联动作为职业院校办学结构的依托，是一种实现产业、行业、企业共赢的办学管理创新。它进一步强化校企合作，要求校企互相渗透、互相介入、互相支持；要求职业院校与产业、行业、企业资源互用、优势互补、利益共享、责任共担，以便在制度建设方面实现职业院校和企业的管理现代化。它既促使校企发挥各自优势，工学结合加快企业自有人才的教育与培训，又促使职业院校与产业、行业、企业结成命运共同体，产教融合共同培养社会与市场需要的高技术技能型人才，从而更有效地促进职业教育与社会生产力可持续发展。

其次，五业联动作为职业院校专业建设的组织结构支撑，有助于产、学、研、用合作促进职业院校专业教学创新。它进一步调动职业院校和产业、行业、企业所拥有的智力资源，通过协调、合作，共同促进科技理论与制造技术相结合，实现生产技术的新组合。既针对产业升级中的关键技术进行联合攻关，又结合生产实践需要对现行的专业设置进行改革调整，对部分教学内容、教学标准和教学方法进行重新甄选和共同开发，从而不断促进产业、行业、企业的技术进步，不断促使职业院校的专业教学与社会生产发展更加配适。

再次，五业联动作为人的职业发展平台，有益于技术技能人才培养的教学模式创新。它通过职业院校教师，产业、行业、企业的工程技术人员、市场营销人员和生产工人之间的互相沟通与交流，实现了新的师资力量组合，进而建构了一种多元师资参与的教学模式。既为职业院校的教学与实训提供了最新的生产知识、技术与信息，又为学生了解和体验最新科技动态、新技术研制及新产品生产过程、生产供需与政策法规信息提供了稳定渠道和有效的组织管理。从而使学生的成长环境更接近生产一线，为学生日后的职业发展打下更坚实的专业基础。

（2）现实意义：系统提升技术技能人才的供给能力

如果把供给侧理解为整个国民经济的生态链之一，那么职业教育就是这条生态链上不可或缺的技术技能型人才的供给环节，它与社会经济生态构成了一个联动的体系。五业联动作为一项系统工程，其核心在于职业教育更好地服务于社会经济的转型升级；其要义在于促使职业教育自身的结构及所担负的社会功能与经济社会的发展更加配适。

大量的实践证明：五业联动虽然发端于职业教育，但这种教育现象却反映了多元生产要素重新进行组合的历程，映衬了职业院校在与办学环境的生态互动中，促进自身与产业、行业、企业的制度创新和技术创新的过程。

一方面，产业、行业、企业通过与职业院校的结合组成了利益与发展共同体，透过频繁的多元沟通、协调、联动，实现了生产要素新组合与互补。这种由生产一线需求驱动的职业教育供给侧结构性改革，不仅使生产部门提升了技术水平，获得了经济效益，并且使职业院校依据社会经济发展、产业转型升级和新兴职业的要求，主动契合产业结构的调整变化，积极优化自身的办学结构和专业结构，从而进一步提升了科技理论水平和教学实训质量，提升了技术技能型人才培养能力和服务产业、行业、企业发展的能力。

另一方面，职业院校也在与产业、行业、企业的结合、合作、融合过程中，根据人的职业发展要求，进行了新一轮专业布局、课程设置和专业教学模式更新。通过五业联动搭建的职业发展“立交桥”，引导学生学会不断优化自己的知识、能力、素质结构，不断拓宽就业的弹性和自适应性，学会终身学习，进而实现个人职业的可持续发展。这种坚持就业导向，以人才供给为内驱力的供需结构改革，通过职业教育人才供给链与经济产业链的无缝对接，实现了技术技能型人才供给从“需求侧的拉动”到“供给侧的推动”根本转变。

4．天津实践与推动策略

有效的改革举措必然立足改革实践，必须落实到改革的具体环节。作为国家现代职业教育改革创新示范区，为持续释放高标准建设的活力和领先发展的魅力，天津职业教育不仅提出了五业联动这一改革举措，并且在实施过程中，积累了自己独特的实践经验，创新了自己特有的推动策略。

（1）五业联动的天津践行

五业联动在天津职业教育的改革实践，主要体现在以下方面：

①组建行业职业教育教学指导委员会，形成联动机制。为探索专业与产业、行业、企业、职业相互对接的五业联动的办学结构，建立健全政府主导、行业主办、教育主管、企业主体的职业教育办学机制，强化行业在现代职业教育体系建设和职业教育改革发展中的指导作用，推进中等和高等职业教育协调发展，加快构建现代职业教育体系。天津市陆续组建了电子信息、生物医药、装备制造等 20 个市级行业大类职业教育教学指导委员会。这些行指委由天津市教委和市行业主管部门或行业组织牵头管理，对相关行业（专业）职业教育教学工作进行研究、咨询、指导和服务。

②成立多类型“集约化、规模化”职教集团，搭建联动平台。自 2003 年建立第一个职教集团以来，天津市充分发挥行业办学优势，已先后成立了 22 个中高职教育教学相衔接，学历教育与职工培训相结合的“集约化、规模化”的行业型、区域型、社区型职教集团。每个职教集团内部都建立了校企合作董事会、校企合作执行委员会和专业建设委员会“三级贯通式”管理体制。此外，还搭建了一批不同层级、不同专业、跨行业、跨区域的职业院校联盟，初步形成了以联盟为纽带，职业院校相互支撑、相互协同，抱团谋发展、合作求超越的改革创新态势。这些举措使职业院校专业结构与主导产业对接度达到 90%。

③以主导产业结构调整驱动专业建设，建设联动专业组群。为服务“一带一路”、京津冀协同发展、天津自贸试验区建设和滨海新区开发开放等重大战略，天津职业教育围绕优势主导产业、高端制造业、战略性新兴产业和现代服务业的升级和发展，通过五业联动建立了以产业结构调整驱动专业建设的宏观协调机制，并通过共同搭建的专业设置信息发布平台，面向市场引导职业院校压缩供过于求的教学专业以及办学质量与需求不适应的专业，支持校企合作设置反映未来产业变革和技术进步趋势的新专业，实现了专业建设的动态预警和及时调整。一个以重点专业为龙头、相关专业为支撑，不同院校互为错位补充的专业布局，以优势专

业群对接主导产业群的产教融合的专业建设新格局正在形成。

④实施职业院校优质教学资源建设工程，打造联动精品课程。根据京津冀协同发展规划和天津市核心支柱产业发展需要，天津职业教育以服务发展为宗旨，以促进就业为导向，通过五业联动集结优势教育教学资源，实施了贴近岗位需求、对接现代工艺流程的职业院校精品课程资源建设工程，持续建设优质课程，开发特色教材，形成了围绕工作岗位、现代工艺、技术升级、全新内容的现代课程资源体系。

⑤携手行业企业，参照国际工艺流程，建立联动教学标准。当前，中国制造正在向中国创造转变，中国速度正在向中国质量转变，中国产品正在向中国品牌转变。这些历史性变化，把“标准”问题提到了引领质量的新高度。为提升职业教育办学和教学的质量标准对社会生产的契合度和引领作用，天津市透过五业联动机制实施了多种措施：一是大力支持职业院校参与国际、国家和行业标准的制（修）订；鼓励专业教学团队开展国际化专业教学标准研究和办学试验。二是努力弘扬我国职业教育文化优良传统，在消化、融合国际化专业教学标准的基础上，组织多元研究力量在教学实践中创新并发展符合中国国情、具有天津特色的专业设置标准和课程教学标准。三是推行“走出去”发展重大行动，在继续完善原有50个国际化专业教学标准的基础上，依托和扩大原

有 131 个国际化专业教学标准试点班，再开发新的标准，将国际先进工艺流程、产品标准、技术标准、服务标准等引入教学和实训，配合“走出去”的企业培养具有国际视野、通晓国际规则的本土化技术技能人才，增强天津职业教育的国际竞争实力，实施了“鲁班工坊”建设。四是基于五业联动，将工程实践创新项目（EPIP）这种教学模式推广应用到国内国际，成为中国职业教育国际合作品牌“鲁班工坊”的核心内涵。

（2）五业联动的策略创新

为有效落实五业联动，天津市设计并实施了多项推动策略：

①坚持政府主导，探索形成五方携手推进的新机制。五业联动由于涉及面较广，牵扯的利益诉求较多。面对一项复杂而又精细的生态系统工程，为实现五业内部各要素的动态平衡和整体的自组织发展，必须有一种权威而强大的协调和推动力量，而此力量及其相应的责任担当非政府莫属。在推动五业联动的过程中，天津市教委联合相关行政部门、行业和单位，探索形成了“政、行、企、校、研”五方携手推进职教发展新机制。这种机制以政府的敢于担当，勇做推手为强有力后盾，强调多部门、多机构统筹协调，进一步明确了党委的主导、统筹及政府主推责任，行业和企业的参与、指导、评价作用，职业院校的人才培养职能，研究机构的支撑、服务功能。五方权责清晰、定位明确，形成了事业发展命运共同体，

有效保障了资源共享、责任共担、过程共管、互利共赢的五业联动育人模式，从而有效促进了学生、学校、企业、产业以及相关利益诉求方的共赢。

②注重顶层设计，与职业教育示范区建设方案同步实施。实施庞大的社会工程必须注重顶层设计。天津市高度重视五业联动的设计和规划。在国家现代职业教育改革创新示范区建设方案中，天津市教委明确提出：一是实施优势专业培育与主导产业需求对接计划。要求在新一轮专业设置改革之中，全面形成优势专业群对接主导产业群的新格局。二是实施专业课程内容与职业标准对接计划。要求依据京津冀产业布局协同发展规划和天津市支柱产业发展需要，开发建设一批优质特色教材和课程，促进职业院校专业教学和服务产业发展的实效性。三是实施专业教学过程与真实生产过程对接计划。要求以专业教学标准为依据、以企业岗位技能要求为导向、以实践创新能力培养为核心，构建与生产过程无缝对接的课程教学体系，建立产业、行业、企业、学校培养技术技能人才的共育链。四是实施职业院校科研创新与企业技术创新对接计划。引导职业院校与行业、企业共建技术中心和校外实习实训基地，提升职业院校服务企业技术创新水平。

③加大宣传力度，营造职业教育高标准发展的社会氛围。为使五业联动政策的设计缘起、执行策略和实施效应深入人心，天

津市一方面大力宣传相关发展政策及国家现代职业教育示范区建设的典型经验和做法，并以活动周等形式建立职业教育宣传的长效机制，引导全社会切实转变教育观、人才观、择业观，促进形成“劳动光荣、技能宝贵、创造伟大”的良好社会氛围，重塑支持职业教育、褒扬技术技能人才、同等尊重学术型技能型两类人才的良好环境；另一方面由天津市教委主导，连续举办“五业联动—深度对接”高端讲堂36期，邀请国内外行业企业专家围绕职教优势专业群对接优势产业群等问题，具体介绍产业、行业、企业、职业、专业“五业联动”的探索过程，理论内涵和运作模式，分析经济发展趋势，剖析产业对技术技能人才需求。这些宣传活动，有力促进了五业内部人力资源建设机制，产教融合互动双赢机制，资金和资源的多元投入和调整机制，信息和资源的有效沟通与共享机制建设，为国家现代职业教育示范区建设和职业教育的高标准领先发展增添了新的活力。

④强化质量文化，打造产教融合、德技并修育人环境。质量文化是全社会的质量共识和质量观念，是一种衡量质量目标的核心价值标准。为引导人们对国家现代职业教育示范区建设形成全新的质量共识，天津市透过五业联动实施了一系列质量文化的培育对策：

弘扬技能大赛竞技文化。作为全国职业院校技能大赛的永久性主赛场和举办城市，天津努力倡导大赛的竞技文化和竞技精神，努力通过技能大赛促进竞技的价值取向和质量目标的实现。

推动企业文化与校园文化深度融合。现代职教文化本质上是学校文化与企业文化的融合，天津通过引入现代企业文化精神，构建现代学校章程，重塑校园文化等途径，搭建校企文化深度融合的平台，使教育的过程成为培育文化的过程，使职业学校成为创新现代职教文化的场所。

加强德育文化建设。文化培育是院校德育的重要抓手，天津通过在课程体系建设中融入民族优秀文化和现代工业文明元素，使职业教育以德为先、追求技艺的文化得以弘扬光大；通过学风、教风、考风、班风、校风“五风”建设，创新“安教乐道”品牌，推广“工程实践创新项目（EPIP）”教学模式应用，构建德育文化活动体系。

教无定法，教而有道。中国职教人满怀激情，脚踏实地，孜孜以求，求中国职业教育科学发展、高质量发展之“道”。

第九篇

EPIP的运用成效

要围绕我国和世界发展面临的重大问题，着力提出能够体现中国立场、中国智慧、中国价值的理念、主张、方案。

——习近平

本篇包括一段载文、一篇文章和一个报道。

载文摘自《中国职业教育发展报告（2012—2022年）》，其题为：擦亮“鲁班工坊”中国名片。2012年，中国进入新时代；十年间，中国构建了现代职业教育发展的制度体系，形成了职业教育发展的中国模式。为向世界介绍中国职业教育发展经验和未来方向，2022年8月20日，在天津举行的首届世界职业技术教育发展大会上，教育部发布《中国职业教育发展报告（2012—2022年）》。

文章发表在《职业教育研究》2022年第10期，其题为：“模式创立、标准研制、资源开发、师资培养——鲁班工坊的创新实践”；也是2022年1月出版的《鲁班工坊研究：溯源·要义·标准·策略——吕景泉“鲁班工坊”主题论文集》的精华浓缩。

报道是2023年9月27日《中国教育报》头版头条“解码国家级教学成果特等奖项目”栏目文章，以“走向世界的中国职教名片——鲁班工坊的创新实践纪实”为题，翔实阐述天津职业技术师范大学作为第一完成单位，荣获2022年国家级教学成果特等奖的发展脉络、项目内涵、成果成效。

一、《中国职业教育发展报告（2012—2022年）》的一段载文

——擦亮“鲁班工坊”中国名片。

中国将坚持平等合作、优质优先、强能重技、产教融合、因地制宜的原则，坚持“鲁班工坊”品牌核心要义，坚持共研、共建、共享、共用、共赢，不断优化和完善“鲁班工坊”全球布局。完善“鲁班工坊”联盟建设机制。

继续鼓励有条件的职业学校在海外建设“鲁班工坊”，继续推动中国本土化、视野国际化的工程实践创新项目（EPIP）应用，发挥已建立的泰国、葡萄牙、埃塞俄比亚等国EPIP教学研究中心作用，给更多境外合作伙伴带去先进的教学模式、优质的教学装备。

在推广应用已有国际化专业教学标准基础上，中外双方合作院校持续开发落地国际化专业教学标准、课程体系和教学资源，推进“鲁班工坊”的学历教育纳入合作国国民教育体系。

完善“鲁班工坊”质量认证体系，构建起中国特色、世界水准的“鲁班工坊”标准模式，提升“鲁班工坊”对国际产能合作、合作国青年高质量就业的服务力和贡献度。

二、《职业教育研究》的一篇文章

模式创立、标准研制、资源开发、师资培养

——鲁班工坊的创新实践

吕景泉，李力《职业教育研究》2022 年第 10 期

鲁班工坊，是以教育部和天津市人民政府共建的国家职业教育改革试验区、示范区与示范区升级版连续 15 年的建设成果为总体支撑，将中国职业教育的教学模式、专业标准、技术装备、教学资源与世界分享的实体化平台，为合作国培养熟悉中国技术、了解中国工艺、认知中国产品的当地技术技能人才。

鲁班工坊，是在天津市教育两委领导下，天津职业学校落实教育部“实施职业教育国际合作交流促进工程”的创新举措，是实施教育部“三大计划”，即职业教育国际交流平台构建计划、职业教育“走出去”实施计划、提升全国职业院校技能大赛国际影响计划的重大改革实践突破与重大理论创新。鲁班工坊，已经成为中国职业教育的国际品牌，服务“一带一路”、助力构建人类命运共同体的重大国家行动，是中国职业教育在世界教育合作、国际产教合作领域开辟先河的大事件，是近代以来中国职业教育发展史上具有里程碑意义的大事变。

1．鲁班工坊创新实践的实践基础

鲁班工坊创新实践，以 EPIP 创立与应用为主线，探索形成了产业、行业、企业、职业、专业“五业联动”办学机制，形成了

基于“核心技术技能一体化”国际化专业教学标准开发机理；立足大赛，通过天津市主办10余届全国职业院校技能大赛（国赛）的赛项设计、组织承办、成果转化，开发了“工程化、实践性、创新型、项目式”的系列化综合实训课程；发挥政、行、企、校、研“五方携手”合力作用，深化校企合作，拓展国际合作，系统研制了一批双语教材与教学资源，系统开展了以实际工程为背景、以工程实践为导向、以工程实践创新能力培养为目标、以真实工程项目为统领的技术技能人才培养和职教师资培训，创立了鲁班工坊国际品牌。

鲁班工坊创新实践，有力推动了职教示范区升级版的体制机制创新、培养模式改革、教学标准建设、国际交流合作等重大任务的高质量完成。

（1）赛项资源开发与运用

2008年，首届全国职业院校技能大赛（简称大赛）在天津开幕，到2019年，每年在天津举办一届的大赛，历经了十二届次。作为主赛场，大赛为天津职业教育与行业企业之间搭建了一座紧密联络的桥梁。随着赛项设置不断升级，先进技术不断融入，产业、行业、企业、职业、专业的紧密对接，天津职业院校主动开展了竞赛资源转化工作，成立了大赛成果转化中心，将大赛的理念、标准、装备、资源“具化”到专业建设，“渗入”到课程教学，“拓展”到中外合作，为中国职业教育与世界深度分享、互学互鉴奠定了内涵基础。

联动中外合作企业，天津职业院校开发了40个中高职、行业企业和国际化赛项，基于大赛赛项，研发了工程化、实践性、创新型、项目式教学资源130余部（套）。服务大赛赛项国际化，天津职业院校首次实现中国赛项“走进”东盟技能大赛，目前纳入并持续举办的赛项达3个；邀请国外选手“走进”中国大赛，设置大赛“国际赛道”，同场竞技最多时达8个赛项；自42届世界技能大赛以来，助力世赛（中国－天津）研究中心，为中国选手获取世赛金牌做指导，服务量占中国金牌选手总量25%以上；2022年，主持了首届世界职业院校技能大赛（世校赛）赛项设计、装备升级、赛场组织，兼容性开发了13个赛项，全部纳入世校赛“竞赛类”赛项，为“鲁班工坊赛道”成功举办，奠定了竞赛标准、竞赛装备基础，助推了各国鲁班工坊中外师生的深度交流。

（2）专业标准制定与实施

2009年，教育部组织制定《高等职业学校专业教学标准》。EPIP创立者，作为教育部高等学校高职高专自动化技术类专业教学指导委员会主任委员，运用“核心技术技能一体化”专业建设模式，主持开发了自动化技术类13个专业教学标准；天津职业院校主持或参与开发了机械类、信息类、交通类、铁道类等19个专业教学标准。2012年11月，标准成果由教育部分类组织出版。伴随着国家职业教育专业教学标准、国家职业大典等体系建设的不断演进，天津职业院校发挥了举足轻重的作用。

2012 年，教育部印发《关于借鉴国外先进经验开展职业教育部分专业教学标准开发试点工作的通知》，天津职业院校，在市教委的指导下，借鉴德国、英国、澳大利亚等国经验，结合中国办学实际，开展了 50 个国际化专业教学标准试点工作。天津职业院校运用 EPIP 教学模式，开发了首批 27 个专业标准，组织了 243 个专业标准试验班。2014 年，天津市教委对承建的 50 个国际化专业教学标准进行验收。2015 年，EPIP 创立者，牵头组织对 50 个专业标准进行完善，并公开出版。自此，在全国职业院校技能大赛同期活动中，每年都列定一类“必选”项目——“国际化专业教学竞赛”“国际化专业说课观摩”“国际化教学情境研讨”。以国际化专业教学标准研制为牵引，推动专业设置、课程内容、教学过程与合作国当地实际需求相适应，开发了 100 个国际化专业，形成了一批境外适用的标准体系和教学方案。

2016 年以来，天津职业院校实施“四递进”，联动产业行业企业职业要素，联合研制国际化专业教学标准（一递进）；组织专业教学实验班，开展国际化教学观摩与成果验收（二递进）；通过鲁班工坊，中外双方院校合作开发国别性教学标准（三递进）；试验并在境外“落地”专业教学标准，纳入合作国的国民教育体系（四递进），提升了职业院校国际合作水平和影响力，为鲁班工坊品牌创建、项目实施奠定了标准依托。

2．鲁班工坊创新实践的理论基础

（1）主要解决的问题

解决在职业教育教学改革中，长期存在的模式盲从、标准依赖、装备模仿、教材照搬、效果不彰等问题。开启基于中国国情与文化传统，自主创建模式、制定标准、研发装备、开发教材的新阶段，构建起中国职教的国际话语、国际标准和国际资源体系。

解决面对世界产教融合、国际产能合作，开展跨国界职教合作的内涵依托问题。中外校企合作共同确定专业核心技术技能，通过课程设置、教学环境、顶岗实习、能力取证与核心技术技能一体化组织实施，中外合作院校、企业共同开发国际化专业教学方案，奠定了协同教学、协作培养内涵性基础。

解决中国职教“走出去”，与世界分享的路径、载体、保障问题。原创首创鲁班工坊品牌，转化竞赛成果，开发教学资源，培养中外双方院校师资，理论研究与实践创新并举，自主自强与互学互鉴结合，集成中国模式、标准、装备、资源，实现与世界共融发展。

（2）EPIP 模式探索与创立

2012 年，EPIP 创立者在长期从事中德、中西（西班牙）、中日、中加（加拿大）等中外合作项目办学的教学实践基础上，认识到借鉴国外经验，根本目的是促进我国的职教改革，形成中国的职教制度和职教模式。探求适用的模式、实用的方法，开展创造性转化，创新性发展实践，让古今中外的教育理念、理论、模式、方法在中国耦合，为中国服务。EPIP 创立者创立了“工程实践创新项目（EPIP）教学模式”。同年 11 月，出版《工程实践创新项目教程》（“十二五”职业教育国家规划教材），2013 年 6 月，出版了对应的英文版教程，在国内外推广 EPIP 应用。

EPIP 是以实际工程为背景和基础，以工程实践为导向和贯穿，以工程实践创新能力培养为目标和归依，以真实工程项目为统领的适合技术技能人才培养的教学模式。EPIP 的“工程”，是真实工程，真实世界，现实生活。EPIP 的“工程化”，是生活化、生产化、现实化、社会化。EPIP 的核心要义是“54321”。“5”是五个应用层级，从扎根本土、院校办学、专业建设、课程改革、知技素点；“4”是四个核心元素，工程化、实践性、创新型、项目式；“3”是三种境界，“名”境界、“实”境界、“合”境界；“2”是两个核心点，真实、完整；“1”，是宗旨，即知行合一。

《墨经》讲：“名实耦，合也”。最好的职业教育是产教融合的教育。这个“产”，是更广范围的产，是“实”境界。职业教育要让学生学会解决“真实”问题、“实际”问题。EPIP 的核心，是在真上学，在真上教，在真上做，让教育教学真实；是让学生完整地学，让教师完整地教，让项目完整地做，让教育教学完整；让“产教融合、工学结合、校企合作、知行合一”（习近平总书记要求职业教育要坚持“四个合”）真实落地。

EPIP 是中国的教学模式。它汲取中国古代、近现代教育思想，借鉴世界先进教育理念，在理论、模式、话语、体系等领域进行了成功探索；推动海外中国职业教育研究，《EPIP 职业教育教学模式——改造我们的学习》《EPIP 教学模式——中国职业教育的话语体系》，以及中宣部“中华文化走出去重点任务清单项目”等 8 部中外文系列专著出版，60 余篇 EPIP 专题研究论文（中外文）发表，葡萄牙卢卡斯、泰国哲仁为代表的一批 EPIP 专家教师在世界各地开展卓有成效的应用推广。2017 年，EPIP 国际教育联盟成立，五届教育联盟学术论坛（年会）成功举办，泰国、葡萄牙、埃塞俄比亚等国相继建立了 EPIP 应用中心。首届“鲁班工坊”与“产教融合”国际论坛、世界职业技术教育发展大会，来自 10 余个国家的近 30 位学者完美演绎 EPIP 推广应用成果。“推广工程实践创新项目（EPIP）教学模式”，写入《天津市教育现代化“十四五”规划》，纳入部市共建《新时代职业教育创新发展标杆意见》，载入《中国职业教育发展报告（2012—2022 年）》。

鲁班工坊以 EPIP 应用为建设主线，以 EPIP 话语为中外教师教研基础，以 EPIP 内涵为概念标识。中外院校应用 EPIP 研制国际化专业教学标准，开发教学仪器装备，编制国际化教学资源，开展师资培养培训，统领贯穿了鲁班工坊项目建设。

3．鲁班工坊发展脉络与理论创新

（1）鲁班工坊发端

2015 年 7 月，教育部与天津市启动示范区升级版建设，把提升职业教育国际化水平作为重要任务。鲁班工坊由此萌动。

2015 年 9 月，天津市教委考虑搭建国际合作新平台，EPIP 创立者组建工作团队，启动项目谋划和方案设计。服务“一带一路”，专注技术技能。能够传承职业文化、体现技能特质、彰显工匠精神、蕴含创新智慧的代表人物，选择“鲁班”；能够体现教学做一体，寓意小巧精致的环境、现代学徒的情境、工作劳动的场所、精湛技艺的传承，选“工坊”。“鲁班工坊”，由此得名。12 月，研发工作取得决定性进展，形成了鲁班工坊的定位、任务，制定了实施路径、建设模式、核心内涵和保障措施。鲁班工坊进入实质性探索阶段。

（2）鲁班工坊发展

鲁班工坊，是以“工程实践创新项目（EPIP）”为教学模式，以天津职业院校主导开发的国际化专业教学标准为基本依据，以国赛及行业企业竞赛的优质赛项装备为主要载体，以中外合作院校师资培养培训及教材教学资源开发为必要保障，在境外创建的实施学历教育和技术培训的实体化合作机构。

天津职业院校基于职教示范区建设，以泰国、英国、印度、柬埔寨、葡萄牙鲁班工坊为实践标志和质量标度，创成鲁班工坊品牌；以吉布提、肯尼亚、南非、埃及、埃塞俄比亚鲁班工坊为项目标杆,完成非洲鲁班工坊国家任务。鲁班工坊从天津研推中心，到全国建设联盟，到国际发展研究中心，再到首届世界职业技术教育发展大会在天津成功举办，勾画出鲁班工坊源自天津，成在中国，功予世界的发展历程。

2016 年 3 月，第一个鲁班工坊在泰国落成，相继建成英国、印度、印尼、巴基斯坦、柬埔寨、葡萄牙、吉布提、肯尼亚、南非、马里、尼日利亚、埃及、科特迪瓦、乌干达、马达加斯加、埃塞俄比亚、保加利亚、摩洛哥等 19 个国家 20 个“鲁班工坊”，覆盖了亚洲、欧洲、非洲。

2018 年 9 月，习近平主席在中非合作论坛北京峰会上宣布，在非洲设立 10 个鲁班工坊，向非洲青年提供职业技能培训。12 月，习近平主席在里斯本见证葡萄牙鲁班工坊项目签约。自此，鲁班工坊正式上升为重大国家行动，进入了发展新阶段。

2021 年 4 月，第 10 个非洲国家鲁班工坊，在非盟总部所在国埃塞俄比亚揭牌启运，标志着习近平主席提出的非洲鲁班工坊三年建设任务圆满完成。

2021年9月，习近平主席在上海合作组织成员国元首理事会上提出，未来3年将在上海合作组织国家建成10所鲁班工坊。11月，习近平主席在中非合作论坛第八届部长级会议上提出，中国将继续同非洲国家合作设立“鲁班工坊”。自此，鲁班工坊，开启了“聚焦中亚，继推非洲”的发展新征程。

亚洲鲁班工坊建设，对品牌创建、推广应用及策略优化做出了有益探索和基础性贡献。欧洲鲁班工坊建设，是品牌创建进入推广应用的重要标志；葡萄牙鲁班工坊完美诠释鲁班工坊核心要义，是品牌创成的重要标志。非洲鲁班工坊建设，是品牌要义的集中运用；着眼外交大局，考虑非洲政治安全、经济发展、资源禀赋、语言文化、教育现状、双边关系等多因素，克服世界疫情影响，高质量完成国家任务，为中国企业更加坚实“走进非洲”奠定稳固基础。

（3）鲁班工坊研究

天津职业院校完成鲁班工坊金字塔（静态）和双螺旋（动态）构型，确立其核心要义为12345，即一块品牌，两种功能，三条路径，四个内涵，五项原则。开展了鲁班工坊项目溯源、要义运用、标准体系、策略运营研究，完成教育部重点课题鲁班工坊、EPIP主题研究 2 项，立项、结项省部级课题 10 余项，出版《鲁班工坊核心要义——中国职业教育的国际品牌》《鲁班工坊》《鲁班工坊解析》《鲁班工坊研究》《鲁班工坊建设标准》《鲁班工坊发展报告》等中外文著述 20 余部，举办了"'一带一路'合作与鲁班工坊建设发展论坛""全球职业教育青年教师发展论坛"等高端论坛 10 余个。

2019 年，鲁班工坊研究成果，被纳入天津市教育两委、市财政局印发的《"鲁班工坊"建设项目和资金管理办法》，这是最先、也是迄今为止唯一一部政府部门出台的鲁班工坊管理文件。

4．鲁班工坊创新实践的重大贡献

鲁班工坊建设坚持平等合作，优质优先，强能重技，产教融合，因地制宜建设原则，遴选了大城技术学院、奇切斯特学院、塞图巴尔理工学院、艾因夏姆斯大学、阿布贾大学、德班理工学院、埃塞俄比亚技术大学等一批优秀合作院校，联动了中土、华为、用友、骥腾等一批优质合作企业，对接了中泰高铁通运、中国—澜湄五国合作、中巴经济走廊、金砖投资项目、欧洲工业再造、亚吉铁道运营、中企工业园等重大项目。鲁班工坊在境外"落地"建设了 49 个国际化专业，聚焦铁道交通（高铁）、机械电气、智能制造、新能源汽车、信息通信、冶金建筑、中医中餐等领域；合作层次从中职教育、高职教育、工程本科到工程硕士；输出设备 5 800 余台（套），配置实训工位 1 600 余个，培养当地学生 5 890 余人，技术培训 13 400 余人，惠及中外企业 1 300 余家。鲁班工坊受到外方高度赞誉，获得多项大奖，如“诗琳通公主奖”“泰国国王奖”“撒哈拉大骑士勋章”等；英国鲁班工坊受邀为首相府新年招待会献艺，吉布提总统盖莱出席项目启动式，葡萄牙总理科斯塔出席项目签约式。国内外主要媒体报道、刊文 1 200 余次（篇）。鲁班工坊已经成为我国对外合作交流的国际名牌。

鲁班工坊的创新实践，有效解决了在职业教育教学改革中，长期存在的模式盲从、标准依赖、装备模仿、教材照搬、效果不彰问题，系统解决了面对世界产教融合、国际产能合作，开展境外职教合作的内涵依托问题，成功解决了中国职教“走出去”，与世界分享的路径、载体、保障问题。

鲁班工坊是“集大成”，是天津职业教育试验区、示范区、示范区升级版建设成果的集成；是基于实践探索与理论研究，在工程实践创新项目（EPIP）教学模式探索与创立、国际化专业教学标准研制与实施、竞赛装备及教学资源开发与运用、中外“双师型”职教师资培养与培训、鲁班工坊品牌创建与创成等方面的集大成。

习近平主席先后 10 次在重大外交场合就“鲁班工坊”作出重要论述，鲁班工坊已经成为促进合作国加强能力建设、改善民生福祉，服务“一带一路”的重大国家行动。

三、《中国教育报》的一个报道

走向世界的中国职教名片——鲁班工坊的创新实践纪实

2023 年 9 月 27 日《中国教育报》头版头条

“解码国家级教学成果特等奖项目”栏目文章（陈欣然）

2016 年 3 月，第一个鲁班工坊在泰国建成。此后，英国、葡萄牙、吉布提、埃及、塔吉克斯坦等鲁班工坊相继落地，迄今为止已在 20 个国家建成 20 多个鲁班工坊，涉及亚洲、欧洲和非洲。

鲁班工坊项目建设最显著的特点，就是创立了工程实践创新项目（EPIP）教学模式。该模式可极大缩短毕业生进入企业的磨合期，受到合作国的高度肯定。

不久前，教育部公布了 2022 年国家级教学成果奖获奖项目名单。由天津职业技术师范大学作为第一完成单位、天津轻工职业技术学院戴裕崴作为第一完成人，牵头 15 家天津院校和科研机构申报的“模式创立，标准研制，资源开发，师资培养——鲁班工坊的创新实践”项目获得特等奖。

近年来，天津职业教育发挥整体优势集结“出海”，相继在亚欧非 20 个国家创建了 20 多个鲁班工坊，通过这一平台在海外开展学历教育和技术培训，与世界分享中国职业教育的教学模式、专业标准、技术装备和教学资源，取得了令人瞩目的成绩。

1．项目建设不忘“初心”

天津职业技术师范大学副校长吕景泉是鲁班工坊国际品牌的主要创建者，他全程深度参与了鲁班工坊项目的创立和建设工作，并系统提出鲁班工坊的核心要义。

吕景泉至今仍记得，2012 年 9 月他带领鲁班工坊创建团队参加在广西南宁举办的中国—东盟职业教育联展暨论坛时参会者共同的心声：中国职业教育要继续学习、借鉴国外职业教育经验，同时，我们也要分享、提供中国职业教育优秀方案，与其他国家同向同行、并驾齐驱，为人类进步作出中国贡献。

“如果一个国家的职业教师借用中国标准、使用中国产品，提高其本土职业教育适应性；青年学生用职业准备期的宝贵时光学习中国技术、中国工艺，了解中国产品，提升其本土就业服务能力，这对中国、对合作国、对世界都是非常有意义的。”吕景泉告诉记者，这是鲁班工坊建设的“初心”。

2016 年 3 月，第一个鲁班工坊在泰国建成。此后，英国、葡萄牙、吉布提、埃及、塔吉克斯坦等鲁班工坊相继落地，迄今为止已在 20 个国家建成 20 多个鲁班工坊，涉及亚洲、欧洲和非洲。

其中，亚洲鲁班工坊项目对鲁班工坊品牌创建、推广应用及策略优化作出了基础性贡献，欧洲鲁班工坊项目是鲁班工坊品牌进入推广应用阶段的重要标志，非洲鲁班工坊项目则是鲁班工坊品牌要义的集中体现。泰国、英国、印度、葡萄牙、埃及、埃塞俄比亚等国鲁班工坊系统应用了中国职业教育教学模式——工程实践创新项目（EPIP）教学模式，是鲁班工坊品牌创建的重要支撑。

鲁班工坊项目建设生动诠释了什么叫作产业、行业、企业、职业、专业“五业联动”：遴选了包括泰国大城技术学院、英国奇切斯特学院、葡萄牙塞图巴尔理工学院等在内的一批合作院校，联动了以华为、海尔等为代表的一大批合作企业，同时对接了中泰高铁通运、中巴经济走廊等重大国际合作项目，在亚欧非开展了铁道交通、机械电气、智能制造、新能源汽车等领域50余个专业的教育教学活动；教育合作层次从中职、高职、本科到工程硕士；此外，还输出设备5 000余台套，配置工位近2 000个，培养当地学生近万人，为1.3万余人提供了技术培训，惠及中外企业和院校千余家。

2022年8月，首届世界职业技术教育发展大会在天津召开。在同时举行的首届世界职业院校技能大赛上，“鲁班工坊赛道”成为“主力赛项”。大赛中，鲁班工坊中外师生联队斩获了全部金牌的60%。

2．创新中国职教教学模式

2018 年，葡萄牙鲁班工坊合作院校教师卢卡斯在天津参加培训后，对工程实践创新项目赞不绝口："EPIP 具有更强的实用性、创新性和创意性，其应用更适合工业行业。"

鲁班工坊项目建设最显著的特点，就是创立了 EPIP 教学模式。EPIP 是一种以实际工程项目为导引、以实践应用为导向、培养学生科学探究能力和问题解决能力的教学模式，该模式可极大缩短毕业生进入企业的磨合期，受到合作国的高度肯定。

以埃塞俄比亚鲁班工坊为例，2021 年 4 月，由天津职业技术师范大学与埃塞俄比亚技术大学共同建立的埃塞俄比亚鲁班工坊正式揭牌。此后不久，双方院校合作在埃塞俄比亚设立了非洲第一个 EPIP 应用与推广机构——埃塞俄比亚 EPIP 教学研究中心。2023 年 4 月，双方院校合作在埃塞俄比亚设立了全球第一个 EPIP 认证试验中心——东非职教师资培养 EPIP 认证试验中心。2022 年 4 月起与世界银行"东非职教一体化（EASTRIP）世行项目中心"合作启动东非地区职业技术师资培训和考核认证，颁发由埃塞俄比亚鲁班工坊、世界银行、埃塞俄比亚职业技术培训学院联合认证的证书。埃塞俄比亚劳动与技能部在各主要用工企业大会上表示，"劳动与技能部以及该认证体系下的受训者应享有优先聘用权"。

在中方合作院校鲁班工坊专家团队和常驻埃塞俄比亚教学一线的中方技术教师的指导培训下，目前埃塞俄比亚鲁班工坊实现初步独立运营。

几年里，以泰国哲仁、葡萄牙卢卡斯、埃塞俄比亚特萨利为代表的一批EPIP专家教师在世界各地开展了卓有成效的推广应用。

在首届“鲁班工坊”与产教融合国际论坛、首届世界职业技术教育发展大会上，来自十几个国家的22名学者发表演讲，向全球展示了工程实践创新项目应用与推广成效，提升了中国职教的影响力。

3．多措并举实现可持续发展

2023年暑期，来自哈萨克斯坦的15名专业教师在天津参加了为期一个月的哈萨克斯坦鲁班工坊师资培训，在进行专业学习的同时，还围绕人才培养、专业建设、课程标准建设等方面的重难点问题与中方教师进行了交流研讨。

近年来，天津职业院校将新教师“入岗、适岗、胜岗”三年三阶段培养机制运用到鲁班工坊建设中，为合作国开展进阶式EPIP师资培养培训。建设团队创设“鲁班工坊建设双语能力提升”国培项目，持续打造“双语、双师、双能”中外教学团队。截至2022年，建设院校已实施近80期国外教师研修项目，培养外方教师840余人次，培训中方教师920余人次，总时长达1.3万课时。

与此同时，鲁班工坊项目以资源开发为牵引分享技能大赛教学设备。2008年至2019年，天津作为主赛场连续举办了12届全国职业院校技能大赛。在鲁班工坊项目建设过程中，建设院校联动中外企业，开发近40个优质赛项，同时基于各类技能竞赛赛项标准，研发工程化、实践性、创新型、项目式教学资源130余部套。

2010年，吕景泉牵头开发的“自动化生产线安装与调试”赛项，首次实现中国赛项“走进”东盟技能大赛。2011年至2019年，全国职业院校技能大赛设置“国际赛道”，邀请国外选手“走进”中国大赛。2022年，团队主持首届世界职业院校技能大赛赛项设计和赛场组织实施工作，并兼容性开发13个竞赛类赛项，奠定了“鲁班工坊赛道”的竞赛标准和竞赛载体基础，为世界职业院校师生的技能交流搭建了高质量平台。

如今，鲁班工坊已在全球多个国家落地生根、开花结果，培养了一大批了解中国技术、熟悉中国工艺、认知中国产品的本土技术技能人才，让中国职业教育走向了世界。

4. 打造“职教出海”成功典范

鲁班工坊作为中国自主创新的职业教育国际品牌，充分彰显了中国职业教育的国际担当。

政治站位高。习近平主席多次就鲁班工坊建设作出重要指示，为鲁班工坊建设指明了方向，提供了根本遵循。鲁班工坊的创新实践搭建了服务世界产能合作和提升中国企业国际竞争力的创新载体，打造了深化中外人文交流和助力“一带一路”建设的亮丽品牌，开创了以高水平教育对外开放推动构建人类命运共同体的新范式。

国际影响大。鲁班工坊创新开发了百余个国际化标准，开展了近千余人次的海外教师研修项目，频频在国际高端会议活动中闪亮登场，从2016年首个鲁班工坊建立，到现在短短7年的时间，先后建成20多个鲁班工坊，涉及亚欧非三大洲。鲁班工坊推动中国职业教育在国际舞台上产生了前所未有的影响。

思想意蕴深。鲁班工坊的创新实践将墨子、黄炎培、陶行知的教育思想融会贯通，传承创新了中国本土的职业教育思想文化。同时，鲁班工坊将产业、行业、企业、职业、专业“五业联动”的思想推向深入，坚持“教随产出、校企同行”，深化产教融合、校企合作，通过职业教育服务产业发展，持续为“走出去”的中国企业在海外发展培养培训优秀技术技能人才。

实践效能好。鲁班工坊的创新实践在技能供给、技术改进、资源建设、教师发展、文化传播等方面产生了优质的整体服务效能：既为当地培养了大量的技术技能人才，又直接服务当地企业技术设备的更新换代；既向合作方提供标准、教材、实践等方面的教学资源，又为教师能力提升开展了大量培训；既实现了技术技能共享，也促进了中华文化传播。

第十篇

改造我们的学习

真正的理论在世界上只有一种，就是从客观实际抽出来又在客观实际中得到了证明的理论，没有任何别的东西可以称得起我们所讲的理论。

——毛泽东

1941年5月，毛泽东在延安做报告，“改造我们的学习”。

这一经典著作，就是针对今天，针对今天我们的学习，针对今天我们的教育，针对今天我们职业教育的实践探索、理论研究、经验总结、成果推广，仍具有极其重要的指导意义。

职业教育要改革，要创新，要高质量发展，首先，需要改造我们的学习！

一、EPIP本质思考

EPIP 是结合技术技能人才培养的中国实际而创立的一种教学模式。

1．EPIP 是什么

EPIP 是以实际工程为背景和基础，以工程实践为导向和贯穿，以能力培养为目标和归依，强化工程实践，强化实践创新，强化项目统领的教学模式。EPIP 是在中国的职业教育实践和理论研究基础上，围绕职业教育的教学模式，汲取中国古代、近现代教育思想，借鉴国际先进职业教育经验创立的教学模式。

2．EPIP 还是什么

EPIP 是强调“以用立业”的教学模式，是在职业教育领域，落实以服务发展为宗旨，以促进就业为导向，为生产服务、为生活服务的一种教学模式，是在创新型、复合型、应用型、技术技能型人才培养领域中的一种教学模式。

EPIP，是理念，是方法，是路径，是启示，更是探索。

EPIP 是一种理念，它对于职业教育发展、职业院校办学、专业组群构建、课程教学设计、师资队伍建设、实训装备研制、教育教学管理、培养绩效评价诸方面都有指导作用。

EPIP 是一种方法，是谋教育事业、做院校管理、干实际项目、当教师、做学生的方式方法。

EPIP 是一种路径，是聚焦服务区域经济社会发展、打造院校核心竞争力、构建专业核心技术技能、推进知技协进、德技并修、全面培养的路径。

EPIP 是一种启示，是我们的睿智圣者、职教先贤给予我们教育同仁的启示。

EPIP 是一种探索,是将古代墨子重视实践的“行为本”、“亲知”，将陶行知的“生活即教育,社会即学校”和“教人求真,学做真人”，黄炎培的“建教合作”，结合院校办学实践、教育教学实践、改革创新实践和理论创新实践；举旗以彰理，举中国特色之旗，彰中国职业教育之理；落地以取效，落中国教育之地，取促进中国高质量发展之效。EPIP，是中国职业教育在模式、话语、标识、体系领域的一种成功探索。

3．EPIP 的宗旨

EPIP 的宗旨是，知行合一。

EPIP 的追求：改造我们的学习，让学习更有效！

二、实践探索历程

中国近现代职业教育从发轫开始，已经走过近 160 年。

天津作为我国近现代工业发源地，职业教育有着深厚的历史积淀。天津，100 多年前，“工学并举”，发实业教育先声；中华人民共和国成立之初，“半工半读”的技术教育领跑全国；21 世纪初“产教融合、工学结合”的职业教育模式先行先试、示范引领。

1．**品牌模式打造**

作为中国职业教育的实践者，EPIP 创立者，在天津中德职业技术学院（现天津中德应用技术大学）连续工作了 24 年，2014 年 3 月入职天津市教育委员会，2019 年 8 月入职天津海河教育园区管委会，2021 年 2 月入职天津职业技术师范大学，亲历了许多职业教育的改革创新，并在其中发挥了重要作用：

① 2014 年，历经长期教学实践与理论研究，作为项目第一完成人，获中国职教领域的首个国家级教学成果“特等奖”，受到习近平主席接见，带领团队为中国职业教育的教学实践探索做出贡献。

② 2015 年，主持完成国家职教示范区的验收；在刘延东见证下签署协议，天津职业教育升级为“国家现代职业教育改革创新示范区（示范区升级版）”，进入“职教 4.0”建设时代。主持申报并成功设立职业教育领域第一所应用技术大学——天津中德应用技术大学。

③ 2016 年，天津市政府出台《加快发展现代职业教育的意见》，

明确以行业企业办学为主，产教深度融合，国际深度合作，中高职紧密衔接，职教与普教相互沟通，继续教育和终身教育畅通便捷，建设具有天津特点、中国特色、世界水平的现代职业教育体系。世界上首个“鲁班工坊”——泰国鲁班工坊落成使用。

④ 2017 年，推动将天津职业教育纳入市委市政府“双一流”建设计划，确定世界一流现代职业教育的建设目标、路径图和时间表。主持设立“国家中西部地区职业教育师资培训中心”，实施“脱贫攻坚，职教帮扶”项目，已培养培训中西部骨干教师两万余人，“倾心、聚力、精准、重效”的职教帮扶“五模式”成为品牌。EPIP 国际教育联盟成立，截至目前，已经在亚、欧、非 13 个国家和地区设立“EPIP 教学研究中心”“EPIP 教学研究与应用推广中心”“EPIP 专业（课程或师资）认证试验中心”和“EPIP 教学研究示范中心”。

⑤ 2018 年，习近平主席在中非合作论坛北京峰会期间，提出“在非洲建立 10 个鲁班工坊”。标志着在教育部支持下，天津首创原创并率先组织实施的“鲁班工坊”正式上升为国家行动。截至目前，在亚、欧、非 21 个国家，天津建成 22 个鲁班工坊。习近平主席先后在重大外交场合 24 次就鲁班工坊作出重要论述。

⑥ 2019 年，作为全国技能大赛主赛场，天津连续举办 12 届大赛；牵头设计多个赛项，实施“赛教互动”成效显著。牵头组

织在天津设立“国赛博物馆”“鲁班工坊建设·体验馆”“国家职业教育教学资源开发制作中心”“国赛成果转化中心”“国家职业教育质量发展研究中心”等“国字号”；牵头设计的“自动化生产线安装与调试”等国赛赛项，连续七届成为东盟10国技能大赛的指定赛项，实现中国的赛项标准、装备、教材走出国门。

⑦ 2020年，率先提出并创建的职业教育产教融合发展的新机制——“五业联动”，写入国务院《关于推广第三批支持创新相关改革举措》中，其明确提出，要在人才培养和激励方面，推进“五业联动”职业教育发展新机制。《服务智能制造产业发展，“五度引领，五业联动”协同育人模式创新与实践》获国家级教学成果一等奖。实践证明：产业、行业、企业、职业、专业的“五业联动”，是一种有效的中国职业教育院校办学新模式。

⑧ 2021年，主持建成非盟总部所在国埃塞俄比亚鲁班工坊，完成非洲第10个国别鲁班工坊项目建设任务。在天津职业技术师范大学设立“天津市劳动教育研究中心”“天津市劳动教育培训中心”，成立“天津市大中小学劳动教育联盟”。在长期开展“双师型”国家特需博士层次人才培养项目的基础上，全面开启“申博攻坚”行动。在陶行知诞辰130周年之际，“行知园”重整开放。

⑨ 2022年，首届世界职业技术教育发展大会在天津成功举办，两年一届在天津举办成为制度性安排。“五业联动”“工程实践创

新项目(EPIP)”“鲁班工坊”载入《中国职业教育发展报告(2012—2022年)》。牵头组织天津院校和科研团队，天津职业技术师范大学作为第一完成单位的教学成果“模式创立，标准研制，资源开发，师资培养——鲁班工坊的创新实践”，获国家级教学成果“特等奖”。受聘教育部国家乡村振兴160重点帮扶县教育人才“组团式”帮扶工作专家顾问委员会副主任委员。在中华职教社成立105周年之际，学校“炎培园”重整开放。

⑩ 2023年，在天津举办的中华人民共和国第二届技能大赛上，天津职业技术师范大学师生获9金7银1铜，成为全国所有院校单位成绩第一。“鲁班工坊”分别载入《携手构建人类命运共同体：中国的倡议与行动》等中国向全球发布的多部白皮书。作为鲁班工坊品牌的主要创建者，受聘教育部鲁班工坊建设专家委员会主任；作为EPIP的创立者，受聘天津市工程实践创新项目(EPIP)研推中心主任，天津市职业教育教学装备研究中心常务主任；成功申报天津市高校智库“鲁班工坊国际发展研究中心”并担任主任。在鲁班诞辰2530周年之际，学校“谊园”立新名“班墨园”，整装开放。

2．体制机制变革

围绕职业教育办学体制机制、制度模式的变革，我们是其中的推进者、倡导者和实践者；虽然是渐进的，但我们已经能够觉察到，行进方向的正确、行进脚步的强劲，觉察到职业教育的实践创新“春天”来了：

①用新理念引领国家现代职教改革创新示范区建设，初步形成天津职教在体制机制、教学模式、体系制度等方面走在前列的态势，初步实现天津职教与经济社会、产业建设、技术进步、国际合作的“同步”协进，创造了一批可借鉴、可推广的经验做法。

②巩固和完善行业企业主办的职业教育办学体制，朝向“党委主导、政府主推、行业主办、教育主管、企业主体”方向推进，形成产业、行业、企业、职业、专业的“五业联动”产教融合机制，探索了政、行、企、校、研的“五方携手”合力运行机制。

③面向区域发展需要，服务国家重大行动，实施专业群对接产业群计划，打造30个优质专业组群，重点建设1所应用技术大学、12所高等职业院校、10所左右的中等职业学校，构建中国特色、世界水平的一流现代职教体系。

④实施“职继协同，双周推进”和“资源共享，特色发展”，用优质职教资源提升终身教育发展水平，构建了覆盖全市的4个服务终身学习的区域性职教集团。项目成果获得国家级教学成果一等奖。

⑤探索形成“区域系统援建、品牌整体输出、专业结对共建、

师资定制培训、学生定向培养”5种职教帮扶模式，优质帮扶项目覆盖8个省、自治区、直辖市，精准培训项目服务19个省、自治区、直辖市，国家职教示范区的职教帮扶工作，受到多方肯定。

⑥探索形成职教国际合作“走出去、请进来”的双向互动模式，“鲁班工坊”成为中国职业教育的国际品牌，服务“一带一路”的重大国家行动，元首引领外交的重要合作项目；以“工程实践创新项目（EPIP）”为建设主线的中国教学模式、专业标准、教学装备和教学资源享誉世界。在2017年2月3日（农历立春），EPIP创立者，荣获泰国政府“诗琳通公主奖”；2022年9月29日，泰国哲仁校长荣获中国政府“友谊奖”。

⑦ 2019年9月，国务院办公厅公布对于全国32个经验案例给予表扬，明确“天津市打造优质职业教育资源集聚园区，推动经济社会高质量发展”。天津市委、市政府发文，对于市教委、市人社、海河教育园区管委会给予表扬。

⑧ 2020年5月，李鸿忠到天津市海河教育园区管委会调研，充分肯定海河教育园区十年建设发展成绩，要求园区在服务国家重大行动、京津冀协同发展、天津高质量发展中发挥更大作用；8月，天津市委常委通过决议，加快园区管理体制创新，将其打造成为创新发展聚集区、产教融合试点城市建设核心区、新时代职业教育改革创新标杆和天津“智谷”。

⑨ 2021 年 1 月，教育部与天津市政府共建“新时代职业教育创新发展标杆”协议签署。《关于深化产教城融合，打造新时代职业教育创新发展标杆的意见》发布。2005—2020 年，教育部确定天津市为全国首个“国家职业教育改革创新试验区（简称试验区）”，之后升级为唯一的“国家职业教育改革创新示范区（简称示范区）”和“国家现代职业教育改革创新示范区（简称升级版）”。试验区建设，以深化职业教育体制机制改革为建设主线，示范区以创新产教融合运行体制机制为建设主题，升级版以提升职业教育适应性为建设主旨。试验区、示范区、升级版“三区”15 年建设的核心目标，是全面加强职业教育服务国家重大行动需要，服务区域经济社会发展需求。

⑩ 2022 年 8 月，由教育部、联合国教科文组织全国委员会、天津市人民政府联合主办“首届世界职业技术教育发展大会”，打造“一会、一盟、一赛、一展”的国际化新平台和新范式，形成由我国主导、合作共赢、引领世界的职业教育国际交流合作机制。习近平主席致贺信。举办世界职业技术教育发展大会，是推进职业教育国际化纵深发展的一项重大制度性设计，对提升我国职业教育主导权、话语权和影响力，推动新时代职业教育高质量发展具有重大意义。2023 年，教育部与天津市政府共建“新征程现代职教模式探索”协议签署，《关于探索现代职业教育体系建设改革

新模式实施方案的通知》印发。

三、实践创新展望

职业教育发展迎接“春天”，做强做优职业教育，是现代产业体系发展的重要组成部分，是营商环境改进的重要内容。

2018 年 9 月，天津市委市政府颁布的“职八条”，是落实全国教育大会的“先手棋”，是奏响天津职教发展的“春之舞曲”。

1．行业企业办学特色

坚持行业企业主办特色，推进党委主导、政府主推、行业主办、教育主管、企业主体的“五主”办学体制，全面对接产业转型升级和民生改善需求，完善产业、行业、企业、职业、专业“五业联动”产教融合机制，凝聚政府、行业、企业、职业院校、科研院所“五方合力”，区校联手组建立足区域、面向产业、服务企业的职教集团，共建应用技术转化中心、产品工艺开发中心、紧缺人才实训基地，打造技术技能积累创新联合体。强化政府责任，完善职业教育经费投入机制。强化行业企业办学主体责任，完善业绩考核制度。健全职业院校领导班子选聘、调整、考核会商机制，加大职业院校干部横向交流力度。

2．世界一流职业教育体系

聚焦战略性新兴产业、先进制造业和现代服务业，办好先进制造、人工智能、环保新能源、养老托幼护理等专业。加强职业院校基础能力建设，使其成为区域人才培养、社会培训、职业启蒙、社区服务、老年教育的平台中心。深化中职高职系统培养、高职本科联合培养改革，扩大招生规模，构建中职、高职、职教本科、专业硕士、专业博士有效衔接的应用型、创新型、复合型技术技能人才培养通道，搭建人才多样化发展的“立交桥”，形成具有天津特点、中国特色、世界水平的现代职业教育体系。

3．鲁班工坊建设项目

支持职业院校在境外建设鲁班工坊，带动优势产业、优秀企业和优质产品走出去。鼓励和支持企业参与鲁班工坊建设，联合培养合作国家当地技术技能人才。建设鲁班工坊研究与推广中心，对鲁班工坊建设规范与标准、模式与机制、质量与评价、应用与推广等进行系统研究，为各地开展鲁班工坊建设提供指导。

4．职业技能大赛平台

围绕产业发展需求，加大赛项成果转化，研制和开发高技能人才培训和技能赛项教学资源，完善校级、市级、国家级职业技能竞赛体系，在职业院校建设世界技能大赛培训基地。创新竞赛机制，拓展参赛范围，引进国际知名品牌赛项，面向经济社会发展急需紧缺职业（工种），吸引国际选手和国内产业工人参加大赛，增强职业技能大赛的国际影响力和社会贡献力。

5．国家职教示范“升级版”

推出一批具有标志性的品牌和成果，实施职业教育政策“策源工程”、模式创新“源头项目”，实现天津职业教育与经济社会同步规划、与产业建设同步实施、与技术进步同步升级、与国际产能同步布局，成为中国特色职业教育制度创新的高地、体系建设的引擎、国际合作的窗口、区域协同的平台、质量提升的支点。鼓励和吸引社会力量参与“国字号”项目建设。利用信息化手段和大数据技术，对接国际标准，建立国际公认和国内通用的职业教育、技术技能人才、产教融合质量标准体系。

6．京津冀协同与东西部协作

建设京津冀职业教育协同发展联合体，完善京津冀职业教育产教对接平台和协同发展运行机制，完善京津冀职业教育科研、教研联盟建设。全面落实天津市与雄安新区签订的职业教育战略合作协议，组织研究和参与制定《雄安新区职业教育发展规划及行动方案》。加大国家职教示范区成果分享，倾心、聚力、精准、重效，做好承德应用技术职业学院、和田职业院校建设。

7．高水平“双师型”队伍

实施“强基工程”，制定职业院校专业领军人物遴选标准，开辟“绿色通道”，加大高层次人才引进力度。采取政府购买兼职教师岗位等方式，鼓励具有创新实践经验的企业家、高科技人才、高技能人才兼职任教。开展“卓越校长”专项培训、“领军英才”系统培养、“工匠英才”专项培养，选聘“能工巧匠”到职业院校任教。开展五年一轮次的教师全员培训，实施新入职教师三年“入岗、适岗、胜岗”三阶段培养工程，完善教师定期到企业实践服务制度。

8．职业教育改革创新合力

定期开展中等职业学校办学能力评估和高等职业学校适应社会需求能力评估，完善职业教育质量年度报告制度。开展“大国工匠进校园”活动，将职业道德、质量意识、安全环保等要求贯穿职业教育全过程，着力培养学生的综合职业能力、创新创业能力和可持续发展能力。宣传推广各行各业能工巧匠成才典型，形成学校主动服务经济社会发展、企业重视“投资于人”的普遍共识。

习近平总书记指出，职业教育前景广阔，大有可为。党的二十大报告指出：“统筹职业教育、高等教育、继续教育协同创新，推进职普融通、产教融合、科教融汇，优化职业教育类型定位。”我国已进入高质量发展阶段，现代制造业、战略性新兴产业等领域需要大量高素质技能型人才。推进职业教育高质量发展。要全面贯彻党的教育方针，落实立德树人根本任务，培养德智体美劳全面发展的社会主义建设者和接班人，回答好新时代职业教育“培养什么人、怎样培养人、为谁培养人”的根本问题。要科技创新赋能职业教育，推动产业结构调整和技术优化升级，增强大国技能力量，加强企业主导的产学研深度融合，强化目标导向，提高科技成果转化率和产业化水平。要适应技术技能人才成长规律，把技能人才作为第一资源，把大国工匠和高技能人才作为人才强国战略的重要组成部分。要夯实现代职业教育法治建设基础，职业教育是国民教育体系和人力资源开发的重要组成部分，是培养多样化人才、传承技术技能、促进就业创业的重要途径。新时代新征程促进职业教育高质量发展，要建立健全以宪法为基础、以《中华人民共和国职业教育法》为核心的层次分明、内容完备、协调统一的职业教育法律体系，在制度层面上为技能型社会的建设夯实法治基础。

四、增强职教适应性

2021 年 12 月 31 日，天津市人民政府网站发布《教育部 天津市人民政府关于深化产教城融合打造新时代职业教育创新发展标杆的意见》。意见成文于 2021 年 1 月 5 日，经教育部、天津市人民政府商研政策清单，分解工作任务，落实责任部门，建立推动机制，形成由教育部部长和天津市市长共同担任协调推动工作组组长，分管副部长和分管副市长担任副组长，教育部相关司局和天津市有关部门负责同志为成员的部市“共建国家职业教育创新发展标杆”领导小组，负责统筹协调推进职业教育创新发展。至此，天津职业教育改革创新发展站在新时代，开启了新征程。

2021 年 4 月，习近平总书记对职业教育工作作出重要指示强调，在全面建设社会主义现代化国家新征程中，职业教育前途广阔、大有可为。特别指出，要增强职业教育适应性。2022 年第 3 期《职业教育研究》特稿刊发 EPIP 创立者《增强职业教育适应性，打造新时代职业教育创新发展标杆》文章，现摘其文，论述天津职教适应性发展的脉络和成效。

1．从职教试验区、示范区到升级版

2005—2020 年，教育部确定天津市为全国首个“国家职业教育改革创新试验区（简称试验区）”（2005—2010），之后升级为唯一的“国家职业教育改革创新示范区（简称示范区）”（2010—2015）和“国家现代职业教育改革创新示范区（简称升级版）”（2015—2020）。

试验区建设，以深化职业教育体制机制改革为建设主线，示范区建设，以创新产教融合运行体制机制为建设主题，2015—

2020 年的升级版建设，以提升职业教育适应性为建设主旨。试验区、示范区、升级版“三区”15 年建设的核心目标，是全面加强职业教育服务国家重大行动需要，服务区域经济社会发展需求。经过连续 15 年建设，天津职业教育初步实现了职业教育与经济社会同步规划、与产业建设同步实施、与技术进步同步升级、与国际产能合作同步布局，通过实践探索、理论研究、经验总结和模式推广，对国家职业教育政策和区域职业教育实践产生了重大影响，建成具有中国特色、天津特质的现代职业教育发展高地。

（1）坚持五主体制，完善行业企业办学特色

坚持和完善党委主导、政府主推、行业主办、教育主管、企业主体的“五主”体制，围绕城市定位和区域经济社会发展，全面对接产业转型升级和民生改善需求，形成产业、行业、企业、职业、专业“五业联动”产教融合机制，凝聚区域（区政府）、行业、企业、职业院校、科研院所“五方携手”合力，区校联手组建 16 个立足区域、面向产业、服务企业、辐射社区的职教集团，打造技术技能积累创新联合体。行业企业主办的高等职业院校占比始终保持在 70% 以上、中等职业学校占比保持在 50% 以上。完善职业教育经费投入机制，强化行业企业主体责任，完善业绩考核制度。健全职业院校领导班子选聘、调整、考核与教育部门、行业企业会商机制，探索行业企业技术骨干与职业院校教学骨干“双栖”互

聘机制，加大职业院校管理干部横向交流力度。

（2）坚持系统思维，建设中国特色职教体系

天津职业院校聚焦战略性新兴产业、先进制造业、传统优势产业和现代服务业，办好先进制造、人工智能、航空航天、石油化工、新能源、新材料、养老护理和幼儿教育类等专业。加强职业院校基础能力建设，使其成为区域人才培养、社会培训、职业启蒙、社区服务、老年教育的中心。加快中职与高职系统培养、高职与本科联合培养改革，加强应用技术大学与职业技术师范大学牵头引领，构建中职、高职、职教本科、专业硕士、特需博士有效衔接的技术技能人才培养通道，搭建人才多样化发展的“立交桥”和双师型职教师资培养的“加油站”，推进职业院校新教师入岗、试岗、胜岗“三年三阶段”、在职教师“五年一轮次”综合职业素质提升行动，初步形成具有中国特色的现代职业教育体系和“工匠之师”培养培训体系。

（3）坚持开放理念，创成“鲁班工坊”国际品牌

天津职业教育首创原创，天津职业院校率先组织实施“鲁班工坊”项目建设，实施中国职业教育国际化、品牌化、系统化、体系化对外交流合作，创立了中国职业教育国际品牌。2018 年 9 月 3 日，习近平主席在中非合作论坛北京峰会上宣布，在非洲设立 10 个鲁班工坊。同年，习近平主席见证葡萄牙鲁班工坊项目建

设签约仪式。自此，“鲁班工坊”上升为国家行动。2021 年 9 月 17 日，习近平主席在上海合作组织成员国元首理事会第二十一次会议上提出，未来 3 年，中方将在上海合作组织国家建成 10 所鲁班工坊。2021 年 11 月 29 日，习近平主席出席中非合作论坛第八届部长会议发表主旨演讲提出，继续同非洲国家合作设立“鲁班工坊”。鲁班工坊，开启了发展新征程。

天津院校在亚欧非三大洲 19 个国家建设了 20 个鲁班工坊，助力中国优势产业、优秀企业和优质产品走出去。鲁班工坊以国家职教试验区、示范区和升级版建设的优质教学资源为支撑，培养当地国家熟悉中国装备和技术、了解中国产品和标准的本土化技术技能人才。鲁班工坊，萌动于试验区建设，发端于示范区建设，起步于升级版建设，成熟于服务“一带一路”，定型于鲁班工坊上升为国家行动。鲁班工坊服务中国企业走出去，促进国际产能合作，助力人类命运共同体建设。鲁班工坊，是天津职业教育试验区发展、示范区改革、升级版创新的成果集大成，是中国职业教育内涵发展、提质培优、改革创新的成果集大成“呈现”。

（4）坚持大赛引领，探索中国职教制度创新

天津作为首个国家职业教育改革试验区，2007 年 8 月，教育部与天津市政府研究确定，实施“每年举办全国职业院校技能大赛”重大举措，天津被确定为主赛场和永久举办城市。2008 年，首届

全国职业院校技能大赛（以下简称大赛）在天津开幕，到2019年，每年举办一届大赛，历经了十二届次。大赛纵穿天津职教试验区、示范区及升级版建设过程，已经发展成为中国职业教育领域乃至全国范围规格最高、校企合作最紧密、专业覆盖面最广、参赛选手最多、社会影响力最大、联合主办部门最全的国家级技能赛事。随着大赛发展，中国职业教育在深化教学改革、服务经济社会、助力产业升级、推动区域发展、促进国际合作等方面取得可喜成绩。大赛有力助推中国职业教育发展，成为中国职业教育的亮丽品牌。

天津职业院校围绕产业发展需求，加大赛项成果转化，研制和开发高技能人才培训和技能赛项教学资源，完善校级、市级、国家级职业技能竞赛体系，在职业院校建设多个世界技能大赛培训基地，创设全国职业院校技能大赛成果转化中心。天津职业教育创新竞赛机制，拓展参赛范围，引进国际知名品牌赛项，面向经济社会发展急需紧缺职业（工种），吸引国际选手和国内产业工人参加大赛，实施优质赛项、教学装备、教材资源走出去，增强了职业技能大赛的国际影响力和社会贡献力。

（5）坚持服务宗旨，助推京津冀协同和东西部协作

建设京津冀职业教育协同发展共同体，完善京津冀职业教育产教对接平台和协同发展运行机制，加强京津冀职业教育科研、教研联盟建设。落实天津市与雄安新区签订的职业教育战略合作

协议，统筹国内外优质资源，服务雄安新区职业教育产教融合专业建设和师资培养培训项目。加大国家职教示范区成果分享，倾心、聚力、精准、重效，采取区域系统援建、品牌整体输出、专业结对共建、师资定制培训、学生定向培养“五模式”，服务东西部协作“脱贫攻坚、职教帮扶”项目建设。发挥国家中西部地区职业教育师资培训中心平台作用，高质量完成新疆和田、西藏昌都、甘肃甘南、青海黄南、内蒙古鄂尔多斯、云南滇西以及河北承德、青龙、威县等职教帮扶项目。

天津职业教育发挥试验区、示范区、升级版的建设优势，勇于开拓，敢于创新，荣获中国职业教育领域首个国家级教学成果“特等奖”，成功创设职业教育领域第一所应用技术大学，率先将职业教育纳入天津市“双一流”建设计划，创立国家中西部地区职业教育师资培训中心，构建起产教融合办学体制、“五业联动”办学模式、工程实践创新项目（EPIP）教学模式，创建“鲁班工坊”职业教育国际品牌，形成具有中国特色、世界影响的职业教育话语体系，成为中国职业教育改革创新发展的“拓荒牛”“千里马”“领头羊”，彰显了一个“闯”字，体现了一个“快”字，突出了一个“带”字。

2．新时代职教创新发展标杆建设至要

2022 年，是天津“新时代职业教育创新发展标杆”建设全面开启之年，也是天津市职业教育现代化“十四五”规划落实落地落细的关键之年。贯彻落实全国职业教育大会精神，优化职业教育类型定位，加快构建符合新时代要求的纵向贯通、横向融通的现代职业教育体系，增强职业教育的适应性，成为创新发展的主线。推进新时代职业教育创新发展标杆 52 项任务，力争在行业企业多元办学、对接服务产业高端需求、构建思政一体化育人体系、促进国际交流合作等方面实现新突破，成为创新发展的重点。实施职业教育创优赋能行动、深化职业教育产教融合、增强职业教育服务能力等领域实现新进展，成为创新发展的着力点。

天津职业教育要继续解放思想，凝聚合力，以新理念拓展新思路，以新思路落实新任务，以新任务推进新发展，在创新发展的深度、广度、力度上再下新功夫，持续保持职业教育的领先态势，探索形成创新发展职业教育的“中国标杆”、世界一流职业教育的“国际名片”。

1）解放思想，筑牢职教创新发展的大格局

在中国近现代职业教育发轫 156 年之时，天津作为我国近现代工业的发源地，承袭深厚的职业教育历史积淀，再一次肩负职业教育先行先试排头兵的重任。一百多年前，“工学并举”率先开创了实业教育发展的中国模式；中华人民共和国成立之初，“半工半读”领跑全国，创设了技术教育的示范模式；21 世纪初，“产教融合、校企合作、工学结合”职业教育办学模式，示范引领全国职业教育改革，确立了职业教育的“天津模式”。如果说，试验区、示范区、升级版建设是国家职业教育改革创新发展的 2.0 版、3.0 版、4.0 版，那么，创新发展标杆建设是天津职业教育在新时代开启了新征程。

（1）紧贴经济社会需求，开拓“四大支撑”发展之路

天津职业教育要坚持紧贴经济社会转型需求，紧跟改革创新发展步伐，紧扣民生服务改善脉搏，紧随天津城市品牌提升，创新开拓、强化服务，继续走好“支撑经济转型，服务支柱产业；支撑创新发展、服务中小企业；支撑民生改善，服务技能培训；支撑城市品牌，服务国内国际”的“四大支撑”特色发展之路，探索一批可复制、可借鉴、可推广的模式范式和经验典型。

（2）以提高质量为核心，提升职教适应性和服务力

天津职业教育要始终坚持以质量为核心，对接经济结构优化和新动能引育需要，主动融入“一基地三区”建设，紧密对接战略性新兴产业、传统优势产业、现代服务业，成立产教融合研究院，动态发布企业需求信息。绘制职业教育专业建设与产业发展谱系图，建立职业教育专业质量评价、专业预警调控机制，优化调整专业布局。完善“五业联动”产教融合机制，发挥政行企校研“五方携手”合力共促机制，共建应用技术转移中心、产品工艺开发

中心、紧缺人才实训基地，打造兼具产品研发与制造、工艺开发与改进、技术升级与推广和大国工匠培育“四功能”的职业教育技术创新服务平台。全面推广现代学徒制，在产教融合型企业设立学徒岗和实习岗，与职业学校联合培养。突出职业学校终身学习服务功能，落实职业学校学历教育和职业培训并举并重。推广复制“区校联合体”终身学习服务模式，做优做强服务终身学习的区域型职教集团，提升开放大学系统终身学习服务能力。

（3）开放式国际化办学，构建职教国际话语体系

融入“一带一路”建设，优化鲁班工坊全球布局，建设鲁班工坊研究与推广中心。联合多方力量共同推进成立鲁班工坊建设联盟，探索建立全国统一的鲁班工坊管理机制，统筹规划鲁班工坊的建设与发展。共鉴共享鲁班工坊建设经验和成果，完善鲁班工坊建设的规范和标准，推广工程实践创新项目（EPIP）教学模式应用。扩大与其他国家和地区的学历证书、技能等级证书的互通互认，大力推进“中文+职业技能”项目“走出去”，全面提升国际交流合作水平。开展应用型本科高校、职业学校与国外高水平应用技术大学合作办学，在现有学位制度内探索高层次学徒制试点。加强国际职业教育交流与合作，以亚、欧、非20个鲁班工坊为主要载体，围绕教育思想、教学模式、技能竞赛、专业标准、实践装备、教学资源、师资培养等核心要素，打造高端化互动平台，

增强我国在国际职业教育领域的话语权、主导权和影响力。

2）改革创新，推动天津现代职教的大发展

（1）发挥行业办学优势，完善特色办学机制

行业企业办学是天津市职业教育的突出特色。天津职业教育要借助与行业企业直接、紧密的关系优势，进一步理顺相关主体关系，优化布局结构，继续实施“两完善一增长一加强”具有天津特色、适应行业企业主体办学的管理运行机制，推进《天津市职业教育条例》修订颁布，确立行业企业办学主体的法定地位。支持混改企业以独资、合资、合作等方式依法参与举办职业教育，允许以资本、技术、管理等要素依法参与办学并享有相应权利。探索社会力量与职业学校通过股份制、混合所有制改革举办实体性的二级学院、产业学院和企业大学。

（2）加强职教体系建设，系统培养技术技能人才

畅通“纵向贯通、横向融通”现代职业教育体系。推进职业教育“纵向贯通”，完善中职、高职、职业本科、专业硕士、特需博士的人才培养通道，探索自主招生、综合评价招生、技能拔尖人才免试、中高本硕贯通系统培养等招考办法，深化探索中高、中本、高本、本硕系统化衔接培养新机制。推进职业教育“横向融通”，推进学分银行在天津落地运行，推动创立京津冀跨区域资历框架，建立职业教育与普通教育课程互认、学生学习成果等值互

换制度。推进“1+X”证书（学历证书+若干职业技能等级证书）制度试点，率先落实“三同两别”要求和试点任务走在全国前列。推进职业教育、高等教育、继续教育机构试点实施完全学分制，建立弹性学制与自主选课制度，实现学习者职业经历、工作能力和培训经历等的等值转化。将职业院校建设成为中小学生体验技术技能、学习科学知识、养成职业观念、拓展素质训练、劳动教育实践的培养培训基地。

（3）构建思政育人体系，创新技术技能人才培养模式

坚持用习近平新时代中国特色社会主义思想铸魂育人，完善组织领导、课程改革、队伍建设、课内课外“四个一体化”育人格局，构建思政课程、课程思政、教师思政、专业思政、学校思政“五位一体”育人机制。建设天津市职业教育“课程思政”教学研究示范中心，构建具有天津特色的职业教育思政体系。依托天津海河教育园区思想政治教育实践基地、鲁班工坊建设·体验馆、全国职业院校技能大赛博物馆和各高职院校专业实践场馆等优质思政资源，系统化建设一批融入思政教育理念、体现教育改革创新成果、展示产业发展成效的技能实践育人基地，实现全员、全程、全方位育人。

3）服务发展，构建职教创新发展的大平台

（1）共研共建共用共享共赢，创建高端科研体系

成立职业教育研究院，整合天津大学、天津职业技术师范大学和天津市教育科学研究院的科研力量，发挥京津冀职业教育协同发展研究中心作用，联合国内外知名高校与研究机构，打造高度协同的职业教育研究链条，积极主动承担职业教育专业课题研究任务。支持市属高校联合职业学校按有关程序办法自主设置职业技术教育学二级学科学位点，扎根中国大地，推进中国特色职业教育学术体系和话语体系建设。

（2）发挥聚集效应，打造职业教育“国字号”智库

全面深化国家职业教育质量发展研究中心、全国职业院校技能大赛成果转化中心、国家职业教育教学资源开发与制作中心等“国字号”项目建设，开展天津职业教育教学质量监测，依托全国职业院校技能大赛成果研制高技能人才培训和技能竞赛的教学资源。建立天津市职业教育改革发展专家咨询委员会制度，为深化职业教育改革提供智力支持。

（3）夯实师资力量，推进职业教育“三教”改革

建立校企“共聘共育”、“双栖制”引人用人机制。全面推进高职院校人员总量管理，推动固定岗位和流动岗位相结合的人事管理制度改革，探索以不超过教师编制总数 30% 的标准设置流动岗位。明确职业学校专业领军人物遴选标准，设立专项人才经费，加大高层次人才引进力度。支持引进具有创新实践经验的企业家、

高科技人才、高技能人才在职业学校兼职任教。

建设“工匠之师”职教师资培养培训体系，形成中国特色“双师型”素质教师、“双师型”结构教学团队培养模式、建设方案与经验成果。推动职业教育“三教改革”，制定天津市职业学校教材管理实施细则，支持天津市建立职业教育教材研究基地，建设一批职业教育教材教法研究基地。支持有实力的高等职业院校积极参与马克思主义理论研究和建设工程重点教材建设工作，加强研究，推进教材统一使用。建设一批职业教育优质教材，重点支持校企共编活页式、工作手册式新型教材和满足鲁班工坊需要的双语教材。校企双元合作开发职业教育教材，建设并更新一批职业教育专业教学资源库和在线开放精品课程。

3．**大道至简，大道致远**

新时代新征程上，天津职业教育的创新发展要成为向世界展示中国职业教育在体系建设、办学实践、产教融合、师资培养、助力产业发展和减贫的重要“窗口”，成为贡献中国特色职教模式、职教方案、职教智慧的重要“供给地”。

附录A

获奖感言

2014年5月6日在京西宾馆，吕景泉教授代表“黄炎培优秀理论研究奖”获奖者发言，主题：传承黄炎培职业教育思想　构建中国职业教育理论体系。

尊敬的张榕明副主席、马培华副主席，各位代表：

今天，我非常高兴和激动，因为我和其他七位职业教育研究人员获得了“黄炎培优秀理论研究奖”的荣誉称号。感谢黄炎培职业教育奖评审委员会和中华职教社的信任和鼓励。

能获得以黄炎培先生命名的“优秀理论研究奖”，让我感到无比骄傲和万分自豪。黄炎培是我国近现代著名的爱国主义者和民主主义教育家，是我国近代职业教育的创始人和理论家，他以毕生精力奉献于中国的职业教育事业，为改变传统教育脱离社会、脱离生活和脱离生产的现状，积极推进职业教育，做出卓越的贡献。

作为获奖者，我在职业教育理论研究上的成绩，是我在天津中德职业技术学院 24 年从事职业教育实践探索的工作成果，是我和我的团队共同努力奋斗的结晶，是天津职业教育在国际合作、校企合作、创新创业方面不断发展的历程佐证，更是我们不断深化、领悟、践行黄炎培职业教育思想的实践总结和理论升华。

黄炎培认为职业学校办学应该向职业界开放，职业学校“设什么科，要看职业界的需要；定什么课程，用什么教材，要问问职业界的意见；训练学生，要体察职业界的习惯；聘请教员，要利用职业界的人才”。

通过实践，我提炼并总结了职教办学的“五个结合”：动脑和动手结合，理论和实践结合，学校和企业结合，职业教育和经济社会结合，职业教育和人的全面发展结合。我们实践并探索了职业教育的“八个双元”：教育场所双元，教学师资双元，教学环境双元，教学评价双元，技术标准双元，学生来源双元，教学督导双元，服务对象双元；我们提出了现代职业教育的“六化”新理念：国际化、校企化、体系化、系统化、终身化、协同化。

近年来，作为国家级教学名师，国家级教学团队负责人，我主持完成了四项教育部重点课题的研究工作，获三项国家级教学成果，主编专著、专业教材15部，发表专业和职业教育论文40余篇；组织、策划、实施了10余次全国性职业技能大赛赛项，牵头开发了符合职业教育规律、适应产业发展和社会需求的技能大赛11个赛项，组织建设了15门国家级精品课程、10门国家级精品资源共享课程建设，成功创设“专业核心技术一体化建设模式”。2010年1月，作为全国九位职教界代表之一，天津市唯一代表，参加温总理主持的《国家中长期教育发展规划纲要》的专题座谈会。

2013年3月，我有幸参加中华职教社赴台职业教育高级研习班进修，专题研讨、深入研究了台湾地区应用科技大学办学模式。研修中，我以大陆职业教育专家的身份，为22所台湾应用科技大学的校长、副校长及教务教学部门管理者作了“中国职业教育技能人才培养模式的探索与思考”专题报告，引起极大反响，并受到中国国民党名誉主席连战、副主席林丰正以及台湾地区教育部门主管领导的接见；同台北应用科技大学、高雄应用科技大学、龙华应用科技大学围绕“创意·创新·创业”教育，深入交流了双方的研究成果。继2008年6月出版的《实用创新思维》之后，我又主编并出版了英文版《工程实践创新项目（EPIP）教程》。

各位领导、各位代表和同仁，我在这里向大家汇报，自上个月中旬，我本人离开工作了24年的天津中德职业技术学院，调任天津市教育委员会，从事职业教育与成人教育管理和服务工作。大家知道，天津职业教育有着很好的基础，有着良好的经济社会发展前景，有着国家职业教育改革创新示范区的建设平台。伴随着滨海新区开发开放战略深化推进，伴随着京津冀协同发展的国家重大战略实施，天津职业教育一定会为天津经济社会发展乃至全国的职业教育发展做出更大的贡献。我热切地希望各位代表、同仁加强交流与合作，继续给予天津职业教育指导和支持。

我记得，在2013年11月，在黄炎培职业教育思想研究会名师讲堂上，张榕明理事长做了“传承黄炎培职教思想精髓，推进现代职教理论与实践创新”主旨发言，其中讲到：黄炎培职教思想博大精深、历久弥新，为中国本土特色的现代职业教育理论奠定重要基石；黄炎培职业教育思想的经典理念，体现了职业教育的本质属性，达到了现代教育理念的最高境界。

我始终认为，学习传承、创新发展这一思想，对于深化教育改革，推进现代职教体系建设具有重大意义。

各位代表，让我们一起努力，为中国特色现代职教体系的构建、现代职业教育的发展做更大的贡献。

谢谢大家！

吕景泉　于北京京西宾馆

2014年5月6日

附录B

从『行知园』『炎培园』到『班墨园』

班墨文化、建教合作、生活教育是中国职业教育教学模式“EPIP”、国际品牌“鲁班工坊”的底层逻辑。

2023 年 5 月22 日，《人民日报（海外版）》大篇幅刊载了“探访”系列，题为：“职教黄埔”话鲁班——访天津职业技术师范大学。文中讲到：工程实践创新项目（EPIP）具有中华传统文化基因，具体而言，就是把墨子重视实践的“行为本”“亲知”“名实耦”的思想、黄炎培主张学校与企业联合育人的“建教合作”思想、陶行知关于“生活即教育、社会即学校”的思想融会贯通起来，是中国职教在模式、话语、体系领域的一次成功实践。

2023 年 4 月 24 日，《人民日报（海外版）》以近整版篇幅，以“教育名家笔谈”为栏目，刊载对 EPIP 创立者的专访“鲁班工坊：让中国职教惠及世界”。

2023 年 5 月 22 日，《人民日报（海外版）》又以近整版篇幅，刊载了对 EPIP 创立者及团队“探访”系列，题为：“职教黄埔”话鲁班——访天津职业技术师范大学。

“探访”文章第二部分“继承中国传统班墨文化，汲取陶行知、黄炎培教育智慧”讲到：工程实践创新项目（EPIP）具有中华传统文化基因，具体而言，就是把墨子重视实践的“行为本”“亲知”“名实耦”的思想、黄炎培主张学校与企业联合育人的“建教合作”思想、陶行知关于“生活即教育、社会即学校”的思想融会贯通起来，是中国职教在模式、话语、体系领域的一次成功实践；EPIP 是在广泛汲取中国古代、近现代教育智慧，借鉴国际先进教育教学理念基础上创立的教学模式，适合培养技术技能人才。

文中还翔实描述了“行知园”“炎培园”和建设中的“班墨园”风情风貌，写到：三园景观各具特色，但蕴含的理念贯通、根脉相连，让师生从不同视角尽情品味和领略中国职教文化的魅力。

2021 年 10 月 18 日，在陶行知诞辰 130 周年之际，天津职业技术师范大学“行知园”重整开园。行知园包含“行园”“知园”“合园”，生动展现了行知教育思想，让教育与生活结合融合，营造了弘扬“行知”精神、铸造高尚师魂的浓厚氛围，实现了校园绿地为师生更好服务“走得进、坐得下、待得住”目标。

2022 年 5 月 6 日，在黄炎培创立中华职教社 105 周年之际，为纪念习近平总书记为中华职教社建社百年贺信 5 周年、天津职教社建社 25 周年，天津职业技术师范大学“炎培园”重整开园。“炎培园”成为集“建教合作”思想展示、职教文化传播、办学理念呈现、传统书篆赏析为一体的育人园地，再度实现了校园绿地为师生更好服务“走得进、坐得下、待得住”目标。

2023 年 6 月 28 日，在“百工之祖”鲁班诞辰 2530 周年之际，天津职业技术师范大学将“谊园”提升完善，命名“班墨园”，重整开园。班墨园包括“班园”“墨园”“谊园”。穿行其中，可以感受到中国传统工匠精神与先贤教育哲思，感受到中华传统职业文化的厚重积淀，体悟“以墨子的爱心做人育人，以鲁班的精进做事创业”的职业信条。班墨园，也实现了校园绿地为师生更好服务“走得进、坐得下、待得住”目标。

从行知园，到炎培园，再到班墨园，三年“三重整”，实现“三目标”。班墨园、炎培园、行知园，三园一脉相承，纵贯千年历史，横亘千亩校园，为新时代天津职业技术师范大学文化育人服务，为新时代中国职业技术师范教育寻根延脉、强枝拓维。

生活教育，提倡只有在生活中获得的教育才是有用的、真的教育。建教合作，倡导职业教育要与经济社会真实结合。班墨文化，是近现代中国职业教育的文化源头，是新时代中国特色职业教育的滋养宝库。班墨文化、建教合作、生活教育是中国职业教育教学模式“EPIP”、国际品牌“鲁班工坊”的底层逻辑。

创立中国职业教育的本土化模式、创成中国职业教育的国际化品牌，是中国优秀传统职业文化创造性转化、创新性发展的重大成果，是用中国道理总结好中国经验，把中国经验提升为中国理论的成功实践，是新时代中国职业教育的重大理论与重大实践创新。

参考文献

[1] 任继愈 . 中国哲学史 [M]. 北京：人民出版社，2010.

[2] 梁启超 . 先秦政治思想史 [M]. 北京：中国人民大学出版社，2012.

[3] 夏德清，武素月 . 陶行知 [M]. 北京：群言出版社，2014.

[4] 徐莹辉，王文龄 . 陶行知论生活教育 [M]. 成都：四川教育出版社，2010.

[5] 顾明远，边守正 . 陶行知选集 [M]. 北京：教育科学出版社，2011.

[6] 中华职业教育社 . 黄炎培教育文集 [M]. 北京：中国文史出版社，1994.

[7] 郭杨 . 中国高等职业教育史纲 [M]. 北京：科学普及出版社，2010.

[8] 沈岩 . 船政学堂 [M]. 北京：科学出版社，2007.

[9] 查有梁 . 教育建模 [M]. 南宁：广西教育出版社，1998.

[10] 费孝通 . 江村经济 [M]. 北京：北京大学出版社，2012.

[11] 吕景泉，杨延，李云梅，等 . 鲁班工坊纵览与博观 [M]. 北京：外语教学与研究出版社，2023.

[12] 吕景泉 . 鲁班工坊研究：溯源 · 模式 · 标准 · 策略——吕景泉“鲁班工坊”主题论文集 [M]. 北京：中国铁道出版社有限公司，2022.

[13] 吕景泉 . 鲁班工坊（LUBAN WORKSHOP）解析 [M]. 北京：中国铁道出版社有限公司，2021.

[14] 吕景泉 .EPIP 职业教育教学模式：改造我们的学习 [M]. 北京：高等教育出版社，2019.

[15] 吕景泉 .EPIP 教学模式：中国职业教育的话语体系 [M]. 天津：天津人民出版社，2019.

[16] 吕景泉 . 鲁班工坊核心要义：中国职业教育的国际品牌 [M]. 天津：天津人民出版社，2019.

[17] 吕景泉 . 天津职教漫谈 [M]. 北京：高等教育出版社，2018.

[18] 吕景泉 . 中德职教漫谈 [M]. 北京：高等教育出版社，2015.

[19] 吕景泉 , 耿洁 . 工程实践创新项目教程 [M].2 版 . 北京：中国铁道出版社有限公司，2023.

[20] 吕景泉，赵文平，张磊 . 中国职业教育国际化的进展与方略：2022 年职业教育国家级教学成果奖“职业教育国际化”主题获奖成果分析 [J]. 中国职业技术教育，2023（25）
[21] 吕景泉 . 谈职业院校新教师入岗训练与“双师型”素质教师、“双师型”结构团队培养：EPIP 视域下“双师型”教师队伍的培养机制与路径 [J]. 职业教育研究，2022（2）.
[22] 吕景泉，于兰平 . 工程实践创新项目 (EPIP) 的核心要义 [J]. 天津职业院校联合学报，2021（6）.
[23] 吕景泉，张维津，米靖 . 论工程实践创新项目（EPIP）教学模式的“工程化”：从陶行知的生活教育思想说起 [J]. 中国职业技术教育，2021（2）
[24] 吕景泉 . 职业教育高质量发展：制度创新永远在路上 [J]. 中国职业技术教育，2019（7）.
[25] 吕景泉 . 五业联动：职业教育科学发展的新途径 [J]. 中国职业技术教育，2018（10）.
[26] 吕景泉，米靖 . 开启中国特色职业教育的创新之路 [J]. 中国职业技术教育，2017（16）.
[27] 吕景泉 .“五大理念”引领国家现代职业教育改革创新示范区发展 [J]. 天津职业院校联合学报，2016（1）.
[28] 吕景泉，马雁，杨延，等 . 职业教育：供给侧结构性改革 . 中国职业技术教育 [J]，2016（9）.
[29] 吕景泉，汤晓华，周志刚 . 建设国际化高职教育专业教学标准的学理考量 [J]. 中国高教研究，2014（9）.
[30] 吕景泉，汤晓华 .“大赛 – 职教改革试验区 – 人才培养”互动模式的系统设计与实践 [J]. 中国职业技术教育，2014（15）.
[31] 吕景泉，马雁 . 创建“相互平行、融合交叉的理论和实践教学体系”的实践与思考 [J]. 中国职业技术教育，2003（4）.
[32] 吕景泉，马雁 . 相互平行、融合交叉：一种高职理论和实践教学体系的探索 [J]. 高等工程教育研究，2002（5）.
[33] 吕景泉 .“核心技术一体化”的探索 [J]. 职教论坛，2002（8）.

作　者

吕景泉，二级教授，工程硕士，职业技术教育学博士，正高级工程师，博士生导师。

“鲁班工坊”国际品牌的主要创建者。教育部鲁班工坊建设专家委员会主任，天津市高校智库“鲁班工坊国际发展研究中心”主任，天津职业技术师范大学鲁班工坊国际发展研究中心（LB_IDRC）首席专家。

“工程实践创新项目（EPIP）”教学模式的创立者。天津市工程实践创新项目（EPIP）研究与推广中心主任，天津市中华职教社工程实践创新项目（EPIP）教学研究中心主任。

国务院政府特殊津贴专家，国家级高等学校教学名师，国家级机电专业组群教学团队负责人。2014年，作为第一完成人，主持并获得职业教育领域首个国家级教学成果“特等奖”；曾获国家级教学成果一等奖1项、国家级教学成果二等奖4项。2022年，组织团队，天津职业技术师范大学作为第一完成单位获国家级教学成果“特等奖”。

从事职业教育教学实践30余年，专注职业教育理论“宏观”“中观”和“微观”研究20余年。首创并探索实践“五业联动”产教融合办学模式（2020年国务院办公厅文件，被确立为职业教育发展新机制，进行推广）；创立“工程实践创新项目（EPIP）”教学模式（2022年载入《中国职业教育发展报告（2012—2022年）》，被确立为鲁班工坊品牌核心要素，在亚欧非进行推广）；创建“核心技术一体化”专业建设模式（2009年获得国家级教学成果奖，被确立为EPIP专业论主旨，进行推广）。

从事企业现场技术改造和升级服务跨度近20年。专注国际和国内技能赛项研制与资源开发近20年，开发国赛赛项、国际赛项、产业赛项14项。主编国家规划教材6部，主编EPIP系列教材20余部。发表论文100余篇，完成省部级课题10余项。

出版专著20余部，其中“鲁班工坊”中外文著述10部、“工程实践创新项目（EPIP）”中外文著述8部。所著《EPIP教学模式——中国职业教育的话语体系》《鲁班工坊核心要义——中国职业教育的国际品牌》入选中宣部“中华文化走出去工作重点任务清单项目”，获资助外译，由境外出版社出版发行英文版、葡文版、泰文版。主持编撰“鲁班工坊国际发展研究系列丛书”。

2014年，获全国黄炎培职业教育理论杰出研究奖；2017年，获泰国政府“诗琳通公主奖”。

曾任2006—2012年教育部高等学校高职高专自动化技术类专业教学指导委员会主任委员，全国职业院校技能大赛工作委员会成果转化工作组主任，全国职业院校技能大赛成果转化中心负责人，国家职业教育教学资源开发与制作中心牵头人，天津中德职业技术学院（现天津中德应用技术大学）副院长，天津市教育委员会副主任，天津海河教育园区管理委员会副主任。现任天津职业技术师范大学副校长。

后　记

著述这本书的过程，我始终相信，真实的语言，完整的表述，实用的导向，具体的案例，感性中出入，理性中思考，这一切，应该是有力量的！EPIP的核心是真实与完整。

二十世纪九十年代，我喜欢电视剧《编辑部的故事》，片中曲有一段是这样的：

投入的爱一次，忘了自己……

投入的笑一次，忘了自己……

二十世纪九十年代初，1990年，我主动地，投入职业教育；我用了二十四年的时间在中德职业技术学院（现今中德应用技术大学）做教师，耕耘这片田野，落地、扎根、深耕，生枝、开花、结果。二十世纪八十年代初，我报考师范，从物理学科学起，到学光学，修材料，读德语，再到硕士毕业；从本科三年级，牵头组织周边学校初三学生寒假班当老师，到本科四年级，在南开中学做毕业实习，为高三学生讲物理，再到硕士二年，在陕西省安康地区为中学教师开展帮扶培训；这样算，我的教师生涯在走入职业教育之前，就开始了！

2014年初春，我已做了二十四年职业教师，其中双肩挑了教育、教学及管理十二年；在此时转岗，入职了分管职业教育的天津市教育委员会副主任，继续投身了职业教育；2019年初秋，转岗，入职分管职业教育与社会事业的天津市海河教育园区管委会副主任，又算是投进了职业教育。这样计算起来，我已在职业教育中投入了整整三十年。如按炎培老先生“凡教育皆含职业之味”，那我在其中投入了三十八个年头。

为一句无声的诺言，默默地跟着你这么多年。

这是毛阿敏演唱的《诺言》的歌词。

2019年，这一年，于我，是《诺言》中“当你是累了倦了或者是寂寞难言”的一年。这一年的前三月，春节前与后，我两次到访非洲。进埃塞俄比亚、去吉布提、返埃塞俄比亚、赴开罗、返埃塞俄比亚、回中国。这样的“路”我走了两个来回。这一年的前半年，“六一”前三天，小孩姥爷在医院连续住了八个月零两天，去世了。这一年的后半年，“七一”后三天，我转岗，入职天津海河教育园。这一年的后三月，年终前九天，小孩奶奶在医院仅仅间断住了五天，就去世了。

还是2019年，这一年，于我，也是《诺言》中“当昨天成为记忆的片段，泪水与笑脸都不是永远”的一年。这一年的前三月，专著《EPIP职业教育教学模式——改造我们的学习》出版了。这一年的前半年，五月十日，首届“鲁班工坊”与“产教融合”国际论坛在天津举办。这一年的后半年，九月中旬与下旬，专著《EPIP教学模式——中国职业教育的话语体系》《鲁班工坊核心要义——中国职业教育的国际品牌》相继出版。这一年的后三月，伴着寒冬进程，英国的出版社“文化走出去项目”《EPIP教学模式》《鲁班工坊核心要义》脱稿完成。

工程实践创新项目（EPIP）的解析，也是对自己职业教育实践过程的解析。我的写作过程，是对职业教育认知的深化过程，是职业人生的体悟过程，是一次心游天地、意在有无的灵魂旅行，更是一段热情奔放、痛苦忍耐的名实耦合。

爱是一个浪漫的诺言，快乐的内容每天都在变幻。职业教育也在随时代不停地变幻。但是，职业教育的魂魄一直没有变化。

黄炎培认为，“职业”本身具有双重意义。其含义一是“职业”一名词，包含对己谋生与对群服务，实是一物两面；二是职业外适于社会分工制度之需要，内应天生人类不齐才性之特征，不仅要求供需相济，而且要求才性相近，才能使事得人，使人得事，使百业效能赖以增进，并使人获得职业的乐趣。

陶行知讲，要敢探未发明的新理，要敢入未开化的边疆。在教育界，有胆量创造的人，即是创造的教育家；有胆量开辟的人，即是开辟的教育家。他们都是第一流的教育家。

职业教育，是最讲究“职业”的。其核心是职业精神，职业追求，职业梦想；是个性发展，服务社会，造福人类。

我全身心地投入了，并爱着它……

爱是一个长久的诺言，平淡的故事要用一生讲完……

吕景泉

2020年12月13日

再版后记

本书再版过程中，我深切地感觉到时光的流走，时光的流转。

2019年9月，我由天津市教育委员会调到了天津市海河教育园区管委会，开始撰写此书，经过2020年一整年，很多次是在深夜、凌晨才找回了时间的刻度。2023年9月，出访中亚三国（乌兹别克斯坦、吉尔吉斯斯坦、哈萨克斯坦）；11月，出访欧洲葡萄牙；12月，再次出访中亚三国（乌兹别克斯坦、哈萨克斯坦、土库曼斯坦）；2024年1月，出访中美洲国家尼加拉瓜；都是在指导、评估鲁班工坊项目建设。中亚、欧洲、美洲的行程中，欣喜感受到EPIP的应用成效与推广力度，萌发改版此书的强烈念头；回到天津职业技术师范大学，开始改版此书，经过2024年一个春节，很多时候又忘记了时间的刻度。

2024年是甲辰龙年。龙行龘龘，“盛”在龙年；龙行天下，“行”在万里。

时光在流走，我们的EPIP在成长。

2019年12月20日，天津市教育工委、市教委、市财政局联合印发《天津市职业教育“鲁班工坊”建设项目管理办法》，这是首部政府部门有关鲁班工坊的文件。文件中明确：“工程实践创新项目（EPIP）教学模式”是鲁班工坊核心内涵；项目建设要以EPIP教学模式设计教学，要充分发挥“EPIP教学研究中心”作用，将“五业联动”有效做法引入境外合作学校，提升其为当地企业特别是对走出去中资企业的服务能力；作为项目审核条件，境外合作学校应该具备开展EPIP教学模式的人员、场所、设施。

2020年1月23日，国务院办公厅《关于推广第三批支持创新相关改革举措的通知》中提出：推广“五业联动”的职业教育发展新机制。

2021年1月5日，教育部与天津市共建“新时代职业教育创新发展标杆”，签署《关于深化产教城融合，打造新时代职业教育创新发展标杆的意见》中提出：共鉴共享鲁班工坊建设经验和成果，完善鲁班工坊建设的规范和标准，推广工程实践创新项目（EPIP）教学模式应用。

2021年7月26日，天津市教育委员会、天津市发展和改革委员会联合印发《天津市教育现代化“十四五”规划》中提出：发挥好鲁班工坊研究与推广中心作用，制定鲁班工坊建设的规范和标准，推广工程实践创新项目（EPIP）教学模式应用。

2022年8月20日，教育部向全球发布《中国职业教育发展报告（2012—2022年）》，介绍中国职业教育发展成果中提出：中国职业教育遵循技术技能人才的培养规律，坚持产业、行业、企业、职业、专业“五业联动”，创新教学模式……推广工程实践创新项目（EPIP）教学……，宣布未来发展中提出：继续推动中国本土化、视野国际化的工程实践创新项目（EPIP）应用，发挥已建立的泰国、葡萄牙、埃塞俄比亚等国EPIP教学研究中心作用，给更多境外合作伙伴带去先进的教学模式、优质的教学装备。

2023年5月8日，教育部与天津市共建“新征程现代职教体系新模式”，签署《关于探索现代职业教育体系建设改革新模式实施方案》中提出：推行工程实践创新项目（EPIP）教学模式。

时光在流转，我们的EPIP在长成。

2017年5月EPIP国际教育联盟成立；继2017年7月在泰国大城技术学院设立“EPIP教学研究中心”，葡萄牙塞图巴尔理工学院、印度金奈理工大学、埃塞俄比亚技术大学等境外高校，相继建立“EPIP教学研究中心”。

2022年5月，“天津中华职教社EPIP教学研究中心”成立，2023年3月，“天津市EPIP研究与推广中心”获批，2023年9月，“中国—中亚EPIP教学研究与推广应用中心”揭牌；其间，肯尼亚梅鲁大学、肯尼亚马查克斯大学、埃及艾因夏姆斯大学、巴基斯坦旁遮普省技术与教育局、乌兹别克斯坦国立交通大学、东哈萨克斯坦技术大学、马达加斯加塔那那利佛大学等高校相继设立“EPIP教学研究与推广应用中心”。

2023年4月、5月、6月，“东非职教师资培养EPIP认证试验中心”“自动化与人工智能类EPIP专业认证试验中心”“工程实践课程EPIP认证试验中心”相继在非洲、欧洲、亚洲相关高校设立；2023年11月，葡萄牙塞图巴尔理工学院升级建设“EPIP教学研究示范中心”。

教育部部长怀进鹏、人社部部长王晓萍在天津职业技术师范大学分别听取工程实践创新项目（EPIP）推进、推行、推广情况汇报；教育部副部长孙尧、陈杰，合作国家的高等教育部、人力资源部、交通部及州市官员，张春林、冀国强、凯赛尔·阿不都克热木、曹小红、李文海、李剑萍等相继为EPIP建设项目揭牌启运。

孔子讲：“逝者如斯夫，不舍昼夜”，形容时间像流水一样不停地流逝，一去不复返，感慨人生世事变化之快，亦有惜时之意在其中。

时光在流走，我们从更远处回望EPIP。

2002年，我们探索专业建设，实施课程改革，发表“核心技术一体化”文章；2005年，创设“核心技术一体化”专业建设模式，奠基EPIP的专业应用层级。

2008年起，我们开发综合实训教学仪器与教育装备，创设国赛、国际赛、行业赛、企业赛的赛项与标准，相继研制并出版《自动化生产线安装与调试》《数控机床安装与调试》《楼宇智能化系统安装与调试》《智能电梯装调与维护》《工业机械手与智能视觉系统应用》等EPIP系列规划教材（含英文版），拓展EPIP的课程应用层级。2009年，“核心技术一体化”专业建设模式获得国家级教学成果二等奖。

2012年起，我们在长期开展中德、中西（西班牙）、中日、中加（加拿大）、中新（新西兰、新加坡）等合作办学基础上，开展“创造性转化、创新性发展”探索与研究，以中国当代教育实践为起点，转化墨子的“行为本”“名实耦”思想，发展陶行知的“生活即教育”思想，创新黄炎培的“建教合作”思想，将古今、中外的教育理念、教学模式、育人经验在中国大地“耦”合，定名“工程实践创新项目”教学模式。为中外专业教师出版《工程实践创新项目教程》（中文版、英文版）。“自动化工程实践创新项目国际挑战赛”“全国职业院校工程实践创新项目竞赛”开始起步，引领了EPIP教学实施层级的运用与应用。

2014年，我们系统提出产业、行业、企业、职业、专业“五业联动”产教融合机制，丰富了EPIP的办学应用层级。EPIP在赛项设计开发、教学资源建设、综合实践课程领域的应用成果获得中国职业教育领域首个国家教学成果“特等奖”。

2016 年，世界上首个鲁班工坊在泰国大城技术学院建成。天津渤海职业技术学院建成1200平方米“工程实践创新项目（EPIP)体验中心”。2018 年，“基于EPIP教学模式研究与实践”获批教育部重点课题；EPIP在国际化专业标准建设领域的应用成果获得国家级教学成果一等奖。

2019 年，《EPIP 职业教育教学模式：改造我们的学习》专著出版，成为首部从理论层面全面阐释EPIP教学模式著作；《EPIP 教学模式——中国职业教育的话语体系》专著出版，获评中宣部“中华文化走出去”出版工程（国家出版工程）重点任务，*TEACHING MODEL OF EPIP*相继由境外出版社出版英文版、葡萄牙文版、泰文版。2020 年，《EPIP 课程论探究》《EPIP 专业论探究》《EPIP 教育论探究》论文相继发表。2021年，《工程实践创新项目（EPIP）解析》专著出版；“基于 EPIP 的鲁班工坊教育援外能力建设研究”项目获批教育部中非高校“20+20”合作计划。

2022年，连续获评“十二五”“十三五”“十四五”的国家规划教材《自动化生产线安装与调试（第四版）》出版；在首届世界职业技术教育发展大会上，《工程实践创新项目 模式·学理·话语·应用》（中英双语版）、《鲁班工坊 品牌·内涵·布局·目标》（中英双语版)作为大会重要成果发布，泰国哲仁、葡萄牙卢卡斯、中国吕景泉与耿洁等分别发表EPIP应用的主旨演讲。

2023年，《工程实践创新项目教程（第二版）》出版；第六届EPIP国际教育联盟年会在中国天津与泰国大城双主场举行；“模式创立、标准研制、资源开发、师资培养——鲁班工坊的创新实践”获得国家级教学成果“特等奖”，全面确立了EPIP作为中国职业教育一种本土化、国际化教学模式的地位和作用。

儒家提倡“格物致知”。格物致知，就是“格物究理”，归根到底是为了以行求知、以知促行。EPIP创建创立的过往，就是一个格物究理的过程，格“真实工程、真实世界、现实生活”的“实事、实物、实情、实况”，究中国职业教育在中国大地实践探索之理，形成中国职业教育的话语体系，构建“民族的就是世界的”新格局。

时光在流转，我们来纵览博观以EPIP为建设主线的“鲁班工坊”品牌。

鲁班工坊核心要义是“12345”。一块品牌：

中国职业教育的国际品牌；两种功能：实施学历教育与技术培训；三条路径：校校责任主体合作、校企协同依托合作、校府项目支持合作；四个内涵：中国本土化、视野国际化的“工程实践创新项目（EPIP）”为教学模式，中国院校主导开发的国际化专业教学标准为基本依据，全国职业院校技能大赛（国赛）优质赛项装备为主要载体，“师资培训先行”及教学资源开发为必要保障；五项原则：平等合作、优质优先、强能重技、产教融合、因地制宜。鲁班工坊是天津职业教育首创原创，天津职业院校率先组织实施，历经实践探索、理论研究、经验总结、模式推广而创立的中国职业教育国际品牌。

从2018年9月中非合作论坛北京峰会，到2021年9月上合组织元首理事会，再到2022年12月中国—阿拉伯国家峰会、2023年5月中国—中亚峰会、2023年10月第三届“一带一路”国际合作高峰论坛；从2018年在欧洲见证葡萄牙鲁班工坊协议签署，到2019年在北京会见埃及总统塞西，再到2022年2月在北京会见中亚国家领导人；从2018年9月中非合作论坛北京峰会发表主旨讲话，纵论“八大行动”的第五项行动“在非洲设立10个鲁班工坊”，到2023年10月第三届“一带一路”国际合作高峰论坛发表主旨演讲，阐释高质量共建“一带一路”、“八项行动”的第三项行动“通过鲁班工坊推进中外职业教育合作”，习近平主席先后24次在重大外交场合就“鲁班工坊”作出重要指示论述。鲁班工坊成为元首引领外交的重要合作项目。

从2020年外交部发布《中国外交》（白皮书），2021年11月国新办发布《新时代的中非合作》（白皮书），2022年8月教育部发布《中国职业教育发展报告（2012—2022年）》，到2023年9月国新办发布《携手构建人类命运共同体：中国的倡议与行动》（白皮书），再到2023年10月国新办发布《共建“一带一路”：构建人类命运共同体的重大实践》（白皮书），鲁班工坊已经载入中国向世界发布的四大白皮书。鲁班工坊已经成为服务“一带一路”的重大国家行动。

我还是相信，真实的语言，完整的表述，感性中出入，理性中思考，这一切，应该是有力量！EPIP的核心，就是真实与完整。

名实耦，合也。知行合一是马克思主义方法论，也是EPIP的宗旨。马克思主义认为，生活、实践的观点，应该是认识论的首要的和基本的观点，科学的理论只能从对实践的总结和归纳中产生，也只有在实践中才能得到检验和发展。EPIP在成长，在长成；其生命在于发展，更在于运用。

孔子讲，“三十而立，四十而不惑，五十而知天命，六十而耳顺，七十而从心所欲，不逾矩。”其中，这个“天命”，我想可能就是“义”。社会中的每个人都有一定应该做的事情，承载一种使命，必须为做而做，“无所为而为”。

我们在探索用中国道理总结中国经验，把中国经验提升为中国理论，我们在建构中国自主的职业教育知识体系、话语体系、标准体系，我们在围绕中国和世界面临的重要问题，提出并实践体现中国理念、中国主张的“中国方案”。本土化模式的创立，国际化品牌的创成，就是真实与完整的、名实耦合的、知行合一的生动实践。

我们全身心地投入了，并始终如一地爱着它……

吕景泉

2024年2月24日